文言文

教学新视角

姚晓方 编著

成都时代出版社
CHENGDU TIMES PRESS

图书在版编目（CIP）数据

文言文教学新视角 / 姚晓芳编著. -- 成都：成都时代出版社，2020.8（2024.2重印）
ISBN 978-7-5464-2643-3

Ⅰ．①文… Ⅱ．①姚… Ⅲ．①文言文－教学研究－小学 Ⅳ．①G623.202

中国版本图书馆CIP数据核字(2020)第153675号

文言文教学新视角
WENYANWEN JIAOXUE XINSHIJIAO
姚晓芳　编著

出 品 人	达　海
责任编辑	兰晓莶莶
责任校对	程艳艳
装帧设计	悟阅文化
责任印制	黄　鑫　陈淑雨

出版发行　成都时代出版社
电　　话　（028）86742352（编辑部）
　　　　　（028）86615250（发行部）
印　　刷　三河市嵩川印刷有限公司
开　　本　880mm×1230mm　1/32
印　　张　8
字　　数　190千
版　　次　2020年8月第1版
印　　次　2024年2月第2次印刷
书　　号　ISBN 978-7-5464-2643-3
定　　价　46.00元

序

　　文言文是我国古代文化的精髓，是我们民族的文化之根，它承载着厚重的文化内涵和智慧结晶。文言文语言简洁凝练，但感情饱满真挚，是最优美的书面语言之一，我们可以在诵读中领略其文字之美、韵律之美、意境之美。更重要的是，以文言的书面形式记载和流传下来的这些文字，是我们祖先千百年以来智慧的结晶、思想的凝结、文化的传承，它源远流长、博大精深，是全人类的文化瑰宝。

　　《义务教育语文课程标准（2011年版）》在课程目标中明确要求："认识中华文化的丰厚博大，汲取民族文化智慧。""能借助工具书阅读浅易文言文。"统编版小学语文教科书中就有"加强中国传统文化教育的内容"的要求，特别是文言文的大幅度增加，成了新教材编写的一大亮点，也为学生学习文言、发展语言提供了更多、更好的范本。我们先来了解统编版教科书与人教版教科书文言文分布的对比：

册次	统编版教科书文言文	人教版教科书文言文
三上	司马光	
三下	守株待兔	
四上	精卫填海	
	王戎不取道旁李	
四下	囊萤夜读	
	铁杵成针	
五上	少年中国说（节选）	
	古人谈读书	
五下	自相矛盾	杨氏之子
	杨氏之子	
六上	伯牙鼓琴	伯牙绝弦
	书戴嵩画牛	
六下	学弈	学弈
	两小儿辩日	两小儿辩日

　　人教版小学语文教科书只安排了《杨氏之子》《伯牙绝弦》《学弈》《两小儿辩日》这四篇文言文，统编版小学语文教科书则编入了14篇文言文，分别落实在3—6年级，三年级每册一篇，四到六年级每册2篇。从文言文教学的起始年级来看，统编版小学语文教材比人教版提早了两年，从选文数量上来看，也有了明显的增加，同时，在选文上充分考虑到学生的认知能力。三、四年级的《司马光》《守株待兔》《精卫填海》《铁杵成针》等，学生们对这些课文的故事内容已经很熟悉了，在理解上不会有太大的困难，而且所选编文言文的篇幅短小、文字简练，一篇课文只有几句话，学生学习起来不会太费力，学习兴趣自然就浓厚起来。总体来看，随着年级的升高，学生阅读文言文的经验更加丰富，能力逐渐增强，

文言文的篇幅也在逐渐增大，句式更加复杂，学习的难度也逐渐提高，这一安排更符合学习的规律。

但在现实教学当中，我们一线老师对文言文教学还是有点"畏难"的。文言文教学中，可参考资料少，教师教学手段也相对比较单一，许多教师在文言文教学时采用"字字落实，句句对译，原意照搬"的教学方法。教学过程中，常常不厌其烦地告诉学生此字此词是何意思，彼句彼段怎么翻译，一字一词都不放过，一味填鸭式地灌输，学生毫无主动性。这样的教学直接导致学生对文言文的学习缺乏兴趣，学得十分费力，也使学生的文言文学习陷入了"不好学—不想学—学不会"的恶性循环。

目前的文言文教学过程中还有一个比较大的问题就是教师学习对年段学习目标并不清楚。江苏省语文特级教师、南京市建邺实验小学校长杨树亚说："文言文学习的目标就是让学生读懂，并不会对字词方面有高要求。对不同年级的古诗词和文言文学习应有不同要求，低年级以诵读为主，中高年级开始理解意思。"统编教材文言文课后的思考题，"正确、流利地朗读课文"和借助注释理解意思这两个要求可以说是一以贯之的，但是，面对同一目标，不同的年段，具体要求又有所不同。然而，许多老师在教学文言文时，没有参照课后练习设定教学目标，还有的老师，中高年级用同一把尺子，重点、难点的安排偏离现象较为严重。

文言文的语言对学生来说相对陌生，同时，由于其语言的高度凝练以及古今异义等现象，学生理解起来也有一定的难度，可以说，文言文成了学生语文学习上的一只"拦路虎"。长期以来，文言文教学也一直是语文教学改革的一个"死角"，很多老师在教学中都是"摸着石头过河"。然而，因其独特性及重要性，在小学阶段学生刚接触文言文时，教师就必须规范文言文教学，充分抓住文言文言简义丰、节奏明快的特点，引导学生丰富语言积累，发展语言能力，充分领略中华文化的博大精深，在积累、感悟和运用中，提高审美情趣，为今后更好地学习文言文打下坚实的基础。

基于以上认识，所以我们团队才有了编写《文言文教学新视角》的想法。我们依据年段目标，立足单元语文要素，对每一篇课内文言文进行精心的教学设计，并且适当拓展部分课外经典的文言文教学设计。所有的教学设计都进行过教学实践，在实践中发现问题，解决问题，以精益求精。我们团队不仅仅将自己的教学设计毫无保留地呈现给大家，还在每一个设计的环节之后配上专家评析，让一线老师知其然，亦知其所以然。

总之，所有的教学设计紧密遵循和执行趣味性、自主性、扎实性、实践性的统一，既激发学生对文言文学习的兴趣，渗透文化传承和审美能力，又丰富学生的文言文学习内容和体验，培养学生初步阅读浅显文言文的能力，同时，希望能给一线教师的文言文教学提供一些新的思路。

是为序。

滕宝明

浙江省特级教师

目录
CONTENTS

课 内

课　外

司马光①

　　群儿戏于庭②，一儿登瓮③，足跌没水中。众皆④弃去，光⑤持石击瓮破之，水迸⑥，儿得活。

注释

①本文选自《宋史·司马光传》。
②庭：庭院。
③瓮：口小肚大的陶器。
④皆：全，都。
⑤光：指司马光。
⑥迸：涌出。

sī	diē	jiē	qì	chí
司	跌	皆	弃	持

司	庭	登	跌	众	弃	持

文言起步　探中生趣

——《司马光》教学设计与评析

金华市婺城区东市街小学　汪雪群（设计）

金华市婺城区教研室　　　滕宝明（评析）

一、教材解读

　　《司马光》是统编版小学语文教材的第一篇文言文，整篇文章只有两句话，讲述的是孩子们耳熟能详的司马光砸缸的故事。熟悉的故事，陌生的文体，这对孩子来说是一种认知的冲突，更是一种新知识的习得。文言文篇幅简短，但语言简练，文脉清晰，含意丰富。在教学中，孩子们通过形式多样的学习会发现，同一个故事可以有不同的表达形式，从而初步感受文言文的语言魅力。

　　三年级的孩子们第一次接触文言文，应以激发其阅读兴趣为主要目的。因此，在整堂课的教学设计中要紧扣"趣"字，采用看注释、观插图等方法理解字词的意思；通过对比朗读、演读、猜读等方法读懂故事，关注文言文的语言特点；通过比较、品读来感受人物形象。

二、教学目标

　　1. 认识"司、跌、持"等7个生字，能正确、流利、有感情地朗读文言文，并熟读成诵。

2.通过读文章、看注释、观插图等方法理解"弃去、持石击瓮、水迸"等词语，激发学习兴趣，初步掌握学习文言文的方法。

3.在比较、品读中感受司马光沉着冷静、机智勇敢的美好品质。

三、教学重点、难点

通过读文章、看注释、观插图等方法理解"弃去、持石击瓮、水迸"等词语，激发学习文言文的兴趣，初步掌握学习文言文的方法，感受文言文的语言特色。

四、课前准备

学生预习课文、教师准备课件。

五、教学过程

（一）认识文言，引出课题

1.复习二年级上册关于志向的名言，认识文言。

> 有志者事竟成。——《后汉书》
> 志当存高远。——《诫外生书》
> 有志不在年高。——《传家宝》

这些句子是古时候人们写文章时使用的语言，我们把这种语言形式的文章叫作文言文。（板书：文言文）

2. 出示课题，书空"司"字。

"司"半包围结构。请同学们将手悬空和老师一起写，先写外面横折钩，再写里面的一横、一口。

3. 读课题，关注课题上的数字"①"。（板书：看注释）

细心的小朋友肯定发现题目上的数字①，这个①对应课文下面注释中的①，我们学习文言文就可以借助注释理解课文。

【评析：本文是学生第一次和文言文"相遇"，为了让学生有一个初步认知，可以通过复习有关历史名言警句，拉近学生与文言文的距离。发现课题注释的序号，明白文言文与现代文有所区别，为之后的文章学习做了铺垫。】

（二）朗读故事，初识文言

1. 读准读通。

古人云：书读百遍，其义自见。"读"是我们学习文言文的法宝。（板书：读文章）课前预习读过课文三遍以上的同学请举手！指名读。

（1）"没"的读音确定。

这是个多音字，你是怎么判断它的读音？

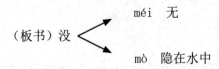

（板书）没　　méi　无

　　　　　　mò　隐在水中

小结：遇到多音字，我们可以根据意思判断读音。

（2）"瓮"的字义理解。

出示"瓮"，这有一个难读的字，谁来读一读？

借助注释猜猜"瓮"是干什么的？

请到课文插图中找找"瓮"。

瓮是容器,课文中的瓮是装水的,所以称为"水瓮",那装米的叫什么呢?装酒的叫什么呢?

出示瓮和缸的图片,说说这两个容器有什么区别?再出示瓮和缸的注释。当听到人们在讲"司马光砸缸"的故事时,你要告诉他们,司马光砸的是——瓮。

缸(底小口大的陶器)　　　　瓮(口小肚大的陶器)

小结:当我们遇到不理解的字时,可以借助注释来理解。如果还不清楚,直观的图片更方便我们理解。(板书:观插图)

(3)难读、难辨的生字,我们都已经掌握了,这篇文章肯定可以读得更棒了。指名读,齐读。

2.读出节奏。

(1)教师范读。

老师也很想来读一读这美好的语言,你们听,老师与你们朗读的有何不同?

小结:适当的停顿可以帮助我们更好地理解文言文,读懂故事,表达情感。

(2)借助停顿符号,跟老师读,男女生分别读。

群儿／戏于庭，一儿／登瓮，足跌／没／水中。众／皆弃去，光／
持石／击瓮／破之，水迸，儿／得活。

（3）孩子们，我把斜线和拼音都去掉，你们还会读吗？古时
候的文言文可是没有标点符号的，看，去掉标点的《司马光》谁
来读一读？

群儿戏于庭一儿登瓮足跌没水中众皆弃去光持石击瓮破之水
迸儿得活

（4）没有标点符号的你们会读了，那古时候的人们可是竖着
写文言文的，竖版的《司马光》你们会读吗？

得　击　众　登　群
活　瓮　皆　瓮　儿
　　破　弃　足　戏
　　之　去　跌　于
　　水　光　没　庭
　　迸　持　水　一
　　儿　石　中　儿

【评析：朗读一直是语文教学中最重要的方法，尤其是文言文。
从对"没""瓮"的认识到句子的停顿，有读的要求、读的形式

和对读的具体指导。努力让学生读正确、流利，读出文言文的韵味。】

（三）演读故事，感悟人物

美好的语言能读出味道，美好的故事更能演出味道。那现在我们就来演一演这个故事吧！演故事之前要先确定角色，看看这篇文章有几个人物呢？

1. 读故事，明角色。

默读课文，请你用波浪线画出文中的人物。

群儿　一儿　众　光　儿

这些表示人称的词，你能把它们分成三组吗？

"群儿、众"表示多人；"一儿、儿"表示掉水里的孩子；"光"指的是司马光。

2. 观插图，演故事。

交流一：看课文插图，说说文中哪句话描写的是这幅图的情景。

水迸，儿得活。

（1）看图，水流出来的样子是怎样的？课文中用的哪个词？（水迸）

（2）让学生读一读，体会水迸的感觉。

（3）采访一下，如果你是那个获救的孩子，得救了感觉怎样？指名读一读这句，读出舒畅、轻松的感觉。

交流二：这三幅图分别可以配上课文中的哪句话呢？你最想演演谁？（根据学生选择安排教学顺序）

群儿戏于庭

一儿登瓮

光持石击瓮破之

交流三：群儿戏于庭

（1）孩子们在哪里玩耍？（戏于庭）

（2）拓展：

如果一群孩子在花园里玩耍，那就是——群儿戏于园

如果一群孩子在树林里玩耍，那就是——群儿戏于林

如果一群孩子在学校里学习，那就是——群儿戏（学）于校

交流四：一儿登瓮，足跌没水中

（1）请一位同学演一演此句。同学们仔细看他的动作做得对不对？

（2）你看到了怎样的情景？（危险、紧张……）带着这种感觉读一读。

（3）"登"是爬上的意思，所以我们说爬山也叫"登山""登高"。

交流五：猜读"众皆弃去"

（1）你们猜这些小孩去干什么了？指名说。

（2）你能不能用文言文说说呢？如果用文言文，小孩就是——儿，一个小孩叫——一儿，有的小孩叫——有儿。可以借助以下词语，说说这些小孩去干什么了？指名说。

———————————————————————————

　　　　　一儿　　　　　　　　　　　有儿

【号】哭有言者。

【哭】哭，哀声也。

【啼】出声地哭。

【疾呼】急切地大声喊叫。

【归】回家。

【寻】寻找。

———————————————————————————

（3）这些孩子的表现，用课文中的一句话概括就是"众皆弃去"。

交流六：演读"光持石击瓮破之"

（1）众皆弃去，那司马光是怎么做的？光持石击瓮破之，请一个同学来表演。

（2）结合插图和动词，其他同学观看表演并评价。

（3）学生读，老师演。

（4）学生一起读一起演。

小结：借助插图，抓住动作，司马光的人物形象就活灵活现地出现在了我们的课堂中。

3. 做比较，悟品质。

故事中的司马光给你留下了怎样的印象呢？请用一个词概括。

（1）请学生把概括司马光品质的词语写到黑板上。

（2）课文中哪些句子给你留下了这样的印象？请用横线画出来。指名说。（板书：皆弃去　持石击瓮）

（3）将"众皆弃去"的表现与司马光的举动进行比较，更突出了司马光的人物特点，展现了他的智慧。他的智慧与他人的不同体现在哪呢？（大家都想着把孩子从水中救出来，而司马光逆向思维让水流出，人得救。）

【评析：根据学生的年龄特点，采用演一演的模式，让学生融入故事的情节之中，唤醒学生的主体意识，并从中体会当时的场景，感受幼小时的司马光那份沉着、冷静及敏捷，并明白文章采用对比的方法来写的好处。】

（四）发现特点，积累文言

1. 请学生借助注释，根据插图，讲一讲故事。

2. 出示现代文与课文进行比较，发现文言文言简义丰的特点。

（板书：言简义丰）

文言文	现代文
司马光 群儿戏于庭，一儿登瓮，足跌没水中。众皆弃去，光持石击瓮破之，水迸，儿得活。	**司马光** 　　北宋时，有一个很聪明的小孩，名叫司马光。 　　有一天，司马光和一群小朋友在花园里玩游戏，他们一会儿玩捉迷藏，一会儿玩踢毽子，玩得很高兴。其中，有个小男孩爬到大水缸上，突然，一不小心掉进了满满都是水的缸里，小男孩吓坏了，在水里不停地挣扎，大声喊："救命啊，救命啊，快救救我啊……" 　　这时，小朋友们才发现，有人掉缸里了。大家都慌乱地离开了，有几个胆小的孩子都吓得躲到旁边，甚至哭起来了。 　　这时，司马光看到边上有一块块石头，突然灵光一闪：对啊，我可以用石头把水缸砸破啊！于是他跑过去搬起一块大石头，对大家喊道："大家不要着急，我有办法了。"只见他举起石头，使出浑身力气，猛地朝水缸砸去，一下，两下，三下，水缸破了个大窟窿，水"哗"地一下涌了出来，小男孩终于被救出来了。 　　大家高兴得手舞足蹈，直夸司马光聪明机智。

　　【评析：在学生表演的基础上，再让学生借助插图和注释的"拐杖"，讲一讲该故事，这样既丰富了故事的情节，也突显了司马光的人物形象。同时把现代文和文言文进行比较，感知文言文语言的精练，真正把课后的练习落到实处。】

　　3.填空式背诵

　　孩子们，读了这美好的语言，你有没有记住呢？看大屏幕，试一试，你能背出来吗？如果忘了可以看看书哦！

群儿（　　），一儿（　　），足跌（　　）。众（　　），光（　　），水迸，（　　）。

4. 看插图背诵（图见009页）

【评析：众所周知，"不积跬步，无以至千里；不积小流，无以成江海。"文言文是语言学习极好的材料，让学生背诵，能丰富语言，培养语感，提升表达能力。】

（五）拓展文本，延伸阅读

同学们，我们通过读文章、看注释、观插图等方法读懂了文言文，读出了文言文的节奏美，认识了一个机智勇敢的司马光。在我们的传统文化中，还有很多这样精彩的故事、智慧的人物，课后你们可以用这样的方法去读一读《曹冲称象》。

曹冲称象

曹操得巨象。欲知其轻重，不能称。操之幼子名冲，告操曰："置象于船上，刻其水痕所至。去象，将他物积载船中，使水及原痕。复称他物，则象重可知矣。"

【评析：拓展阅读是语文阅读教学的方向，是统编教材重要的课程理念与思想。根据所学的课文，让学生课后用同样的方法去读一读《曹冲称象》，进行相似拓展，开阔学生的阅读视野，增加学生的信息量，也巩固所学的阅读方法。】

六、板书设计

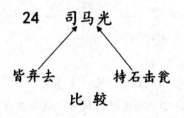

24 司马光

皆弃去　　　持石击瓮

比 较

文言文
看注释
读文章
观插图

【评析：此板书分主板书和副板书两部分。主板书是课文内容的浓缩，而副板书是文言文学法的呈现。整个板书的设计是把文路、教路、学路融为一体，有助于学生的学习。】

此课为2018年11月29日浙江省统编教材小古文培训专场执教的公开课。

 教学反思

《司马光》作为统编版小学语文教材的第一篇文言文，激发孩子的阅读兴趣，使之初步感受到文言文的语言特色是其重要目的。以这个目标为导向，我在设计教学环节的时候，充分考虑到孩子的特点、故事的特点、文本的特点，在"讲、读、背"学习文言文老三样的基础上增加趣味性，让孩子趣味盎然地畅游在文言文的美妙故事中。

趣读文言

朗读是学习语文的重要方法，特别是文言文的朗读，更是对文章的理解、语言的积累非常有效。因此，在设计读的环节时，梯度要明显，从读准读通到读出节奏，再到最后读懂故事，一脉相承。在这里特别值得一提的是我引用了没有标点的文本和竖排的文本。当学生看到这样的文言文时，他们都生发出了强烈的阅读兴趣。富有挑战而又新鲜，也刚好符合孩子争强好胜的心理，而且这样的朗读又能让孩子"跳一跳就能顺利摘到桃子"，所以在此环节中，孩子们读得津津有味。

趣演文言

　　初步感知文言文时，如果单纯地讲解字词的意思，这样机械化的理解只会在学生和语言文字之间设下沟壑。于是，我就采用了孩子们都喜爱的方法帮助孩子理解故事——演一演。在演与评之间，学生是对文字的再次解读、再次创造；在一次次将动作演到位的过程中，更是把人物形象展示得生动而具体。记得当时，有个小男孩在饰演司马光砸缸的过程中，将石头单手举起轻松一扔。底下的同学根据插图和注释马上提出意见：根据瓮的破口来看，扔的肯定是块大石头，而司马光年龄还小，他应该是双手举起石头，而且扔也不可能把瓮砸破，"击"应该是用力地击打。孩子们从插图和注释中轻轻松松地读懂了司马光的举动，领悟了这个人物形象。演一演、评一评的教学形式，使孩子学得有趣而有效。

趣仿文言

　　文言文的语言特色是我们这堂课上要让学生初步体验到的。怎么办？我在整堂课中处处埋下伏笔，就是为了在悄无声息处让孩子习得言语。开头导入环节，由已知的名言警句到新知识，搭建桥梁，让孩子发现文言文不难，增强学习的自信。在分角色的时候，对人物名称进行分组，并仿说，言简义丰的文言文特色显而易见。对"戏于庭""登""众皆弃去"等词语的理解，采用组词、拓展等方法，孩子在模仿中发现文言的特色，有趣而扎实。

　　文言历史悠久，内涵丰富。在追寻文言的美、趣、妙的道路上，我们还需要不断学习，不断研究。正如王崧舟老师所说，"把语文上成一束光，把自己上成一束光"，那么，孩子在学习文言、学习语文的路上才能有光可循。

守株待兔①

　　宋人有耕者。田中有株②。兔走③触株，折颈而死。因④释⑤其耒⑥而守株，冀⑦复得兔。兔不可复得，而身为宋国笑。

注释

①本文选自《韩非子·五蠹》。
②株：树桩。
③走：跑。
④因：于是。
⑤释：放下。
⑥耒：古代用来耕田的一种农具。
⑦冀：希望。

sòng gēng shì jì
宋　耕　释　冀

守 株 待 宋 耕 触 颈 释 其

统编版小学语文三年级下册第5课

贴图引路　妙趣横生

——《守株待兔》教学设计与评析

金华市婺城区乾西小学　吴夏慈（设计）

金华市婺城区乾西小学　滕小祎（评析）

一、教材解读

《守株待兔》是统编版小学语文教材的第二篇文言文，是一则寓言故事。

课文主要讲一个农夫偶然捡到一只撞死的兔子，从此就不再劳作，一心期待能不劳而获的故事。它告诉人们的道理是，对任何事都不能存有侥幸心理，而是要踏踏实实地去做每件事。

本课的故事内容学生较为熟悉，因此在教学时让学生理解文章的大概意思并不困难。在此之前，学生已经接触过文言文《司马光》，对于文言文这种表达形式有一定的认识。本课教学旨在让学生通过多种形式的学习，进一步感受文言文的特点和魅力。

二、教学目标

1. 正确、流利地朗读课文，注意读好"因释其耒而守株"。背诵课文。

2. 能借助插图和注释读懂课文，知道农夫被宋国人笑话的原因。

3. 理解课文寓意，明白对任何事都不要存有侥幸心理的道理。

三、教学重点、难点

教学重点：能借助插图和注释读懂课文，知道农夫被宋国人笑话的原因。

教学难点：理解课文寓意，懂得对任何事都不要存有侥幸心理的道理。

四、课前准备

学生预习课文、教师准备课件。

五、教学过程

（一）歌曲导入，唤醒旧知

1. 我们先来放松一下，听一首歌。会唱的同学可以跟着节奏来唱一唱。（歌曲《司马光》）

2. 听着唱着，你想到了哪一个故事？《司马光》是我们小学阶段的第一篇文言文，还记得吗？我们一起来背一背。

3. 这节课，我们来学习另一篇文言文，题目是《守株待兔》。请大家一起伸出手指，跟老师写课题。（书写时强调"守"上下结构，下面的"一"拉长，"株""待"都是左右结构，左窄右宽，注意笔画穿插。）

4. 我们再读课题，读出自己的韵味来。

【评析：以活泼的歌曲引出学过的文言文《司马光》，这样的

导入既符合三年级孩子的心理特点，又巧妙地联系了旧知，唤醒学生关于文言文的学习记忆，在不动声色之中，水到渠成。】

（二）初读课文，读出韵味

1. 读课文，要求：（1）至少读三遍；（2）读准字音，读通句子；（3）难读的地方多读几遍。

2. 朗读检查：哪位同学能够来展示一下你的朗读？（指名读，相机引导"耕""耒"字的读音。）

3. 范读：怎样读可以读得更好，读出文言文的韵味呢？我们一起来听听录音。（播放范读）

4. 交流：你觉得刚才的朗读有什么地方值得我们学习呢？（有节奏、有停顿、音断气不断）你能够来试一试吗？（指名读）

5. 多种形式朗读练习：读着读着，我们不但读出了节奏，还读出了文言文的韵味，一起来试试吧（师生对读、男女生读、分小组读等）。

【评析：书读百遍，其义自见。在这个环节，老师通过自由读、指名读、录音范读、齐读、师生对读等多种形式，让学生充分地读课文，读整篇课文，从而对文本有一个整体的认识。虽然读了很多次，但它们不是机械单调的重复——从读正确到读出韵味，是有梯度的。这样学生不但不会厌倦，反而越读越有兴致。】

（三）研读课文，理解文意

过渡：刚才我们美美地读了课文。熟读文章，是学习文言文的一大法宝。那么，学习文言文还有哪些方法呢？你还记得吗？（板书：看注释　看插图……）接下来让我们用这些方法来读懂这篇课文。

1. 交流第一、二句：宋人有耕者。田中有株。

（1）借助插图，认识"耕者"。

　　文中把耕田的人叫"耕者"，那么打鱼的人叫什么？跳舞的人叫什么？打鼓的人叫什么？

　　（2）这位耕者是宋国人，我们可以说宋人有耕者。

　　这位舞者是金华人，金华古时称为婺州，所以我们可以说——（学生说）婺州有舞者。

　　这位鼓者是我们乾西小学鼓乐队的，所以我们可以说——（学生说）乾西有鼓者。

（3）再看图，"株"就是——树桩。（将图贴在黑板上）

（4）（指着贴图）同学们，这就是"宋人有耕者。田中有株"。

2. 交流第三句：兔走触株，折颈而死。

（1）我们来看第三句，请你边读边想象当时的画面。

（2）出示兔子贴图，谁来借助贴图试着演一演当时的情景？指名2—3名同学来演一演。

（3）判断谁演得最贴切，为什么？（借助注释，重点理解"走"字古今异义，"走"在古代表示"跑"。）

（4）拓展古诗词的"走"，出示两句古诗。

儿童急走追黄蝶，飞入菜花无处寻。

何当金络脑，快走踏清秋。

在这两句诗中，"走"同样是"跑"的意思。

（5）兔子以这样快的速度跑过来，难怪会"触株折颈而死"了，再读文中第三句。

3. 交流第四句：因释其耒而守株，冀复得兔。

（1）谁能借助注释或插图来说一说？（请学生上台用贴图演

一演，相机教学"释"的意思。）

（2）那么耕者为什么要"释其耒而守株"呢？你能用文中的话来回答吗？（冀复得兔。）

我们通过注释知道，"冀"是"希望"的意思，那么"冀复得兔"就是——希望再得到兔子。

（3）让我们带着理解再一起把这一句读一读。

【评析：学文言，最难的莫过于对语言文字的理解。本课在引导学生理解文意的过程中，没有刻板地让学生去解释每一句话的意思，而是采用图片演示的方式，让学生来看一看、选一选、演一演、说一说。这样的教学，有意思，有收获。这样的学习是愉悦的，这样的习得是深入的。】

4. 交流第五句：兔不可复得，而身为宋国笑。

（1）耕者"冀复得兔"的愿望有没有实现呢？（指名说）

（2）耕者为什么会被宋国人笑话呢？

是呀，他左等右等，还是没有得到兔子。不但没得到兔子，还怎么样了呢？（指名说）

（3）拓展练习。

看，这耕者天天都守着树桩，等着兔子来撞死。可是他不但没等到兔子，荒废了田地，还被宋国人嘲笑。如果你是他的朋友、邻居或家人，你想对他说什么？把它写下来。（指名交流）

【评析：老师设计了一个具体的情境，让学生借由"劝说"的练笔，自然而然地明白了这则寓言所揭示的道理。这种"自我发现"的获得感远胜于纯粹的说教。】

（四）回顾全文，了解寓意

1. 再读课文

这就是《守株待兔》的故事，让我们再来读一读，相信现在

你的朗读会更有滋有味。（多种形式朗读）

2. 借助贴图背诵

同学们，你能不能借助黑板上的贴图来背一背《守株待兔》的故事呢？

【评析：以图片为支架进行背诵。这样的背诵练习降低了难度，同时让文言文充满画面感，让枯燥的文字变得鲜活起来。】

3. 读了《守株待兔》的故事，你明白了什么道理？（对任何事都不能存有侥幸心理，而是要踏踏实实地去做每件事。）

小结：像这样通过故事来告诉我们道理的叫作寓言。寓言故事还有很多，比如《井底之蛙》《龟兔赛跑》，还有我们之前学过的《揠苗助长》，每一个故事都说明了一个深刻的道理，可以帮助我们总结经验、吸取教训。

（五）拓展文本，延伸阅读

课后的阅读链接是另一则寓言故事《南辕北辙》，读了这个故事，你又明白了什么道理呢？课后可以和同学或者家人交流一下，还可以找找文言文版本对比着读一读。

出示阅读链接的文言文版：

南辕北辙

今者臣来，见人于大行，方北面而持其驾，告臣曰："我欲之楚。"臣曰："君之楚，将奚为北面？"曰："吾马良。"臣曰："马虽良，此非楚之路也。"曰："吾用多。"臣曰："用虽多，此非楚之路也。"曰："吾御者善。"此数者愈善，而离楚愈远耳。

【评析：以篇触类，由一篇课文引出同一类课文，既进行了教学内容的拓展，又激发了学生的学习兴趣，达到了曲虽终而意未尽的效果。】

六、板贴设计

守株待兔

文言文

看注释
看插图
……

【评析：本课的主板书以图片为主，色彩明丽，形象生动。它们是"学具"，也是很好的"玩具"，在实际操练过程中，学生自然而然地在图片的帮助下理解了文意。它们还是背诵课文的有力支架。副板书是对学习文言文方法的巩固，很有意义。】

 教学反思

《守株待兔》是统编版小学语文教材的第二篇文言文。

因为文言文语句生僻，意思难懂，大多数学生常常会"谈文言色变"。因此，启蒙阶段的文言文教学首要责任应该是打破学生的畏难心理，"趣学文言"的导向就显得尤为重要。但是，怎样才能化枯燥为趣味呢？我想到了贴图。鲜艳的颜色、漂亮的图案，常常比文字更吸引人。在部编版的教材中，常常伴有漂亮的贴图。它们是课文的一部分，也完全可以成为课堂的助力。

基于这样的想法，我将贴图从书本中移到了黑板上，让它们更明艳，更有价值。

贴图知意

"宋人有耕者。田中有株。"

这两句话，第一句揭示了主人公的身份，第二句交代了故事发生的地点和特定情况。如果让学生来解释，也并不难，但是缺少趣味。

这时，我让学生看图片找一找"耕者"，这样，学生自然而然地明白"耕者"指的是农夫。而"者"字用法在文言文中比较普遍，因此，又进行了"……者"句式的拓展。这样的拓展，是在学生已有的知识基础上进行适当的提高，让学生明白文言其实并不难，我们不仅能读懂文言，我们甚至还可以自己来创作文言文。

随后，我在黑板上贴出"耕者"和"株"的贴图，让静止的文字有了"动画"的效果，学生自然而然也明白了它们的意思。

贴图演意

"兔走触株，折颈而死。"

在这一句教学中，我并没有做任何的文意解释，只是拿出了兔子贴图，请学生来扮演这只兔子，根据文字上台来演一演。

第一个学生拿着兔子贴图慢悠悠地走到树桩贴图前。这时，我顺势引导：你觉得课文中的这只兔子也是以这样的速度出场的吗？谁再来演一演。

第二个学生拿着兔子贴图快速地撞到树桩贴图上，甚至还模拟兔子的声音，发出"啊"的一声惊叫。这时，我让其他学生来评议两个同学谁演得更符合文中的故事。通过论辩，学生自然而然地明白了"走"和"折颈"的意思。

"因释其耒而守株，冀复得兔。"

教学这一句时，我继续利用贴图。请一个学生上台，利用贴图演示这个农夫在得到兔子之后是怎样做的。学生上台后，先取下"农夫"手中的"耒"放在地上，又把"农夫"移到了"树桩"旁边。这时我追问："你从哪里知道这个农夫是这样做的？""释"和"守"的意思，不言自解。

贴图助悟

在领悟寓意的环节，我设计了一个情境，让学生饰演这位耕者的朋友或邻居或家人，来对他进行劝说。交流时，我让学生对着黑板上的"农夫"进行劝告，并适时以"农夫"的口吻感叹："吾悔也！""吾愧也！"

这样的情境、这样的角色化，让学生有身临其境之感，道理的获得，水到渠成且饶有趣味。

贴图助背

在学生充分朗读课文、了解文意之后，我让学生对着黑板上的贴图尝试背诵课文。虽然课文很简短，但是对于刚刚接触文言文的学生来说，背诵还是有一定难度的，特别是一些基础比较弱的学生。贴图将文字转换成图画，看着这样的画面，绝大多数学生都能依据情节，完成背诵。

总之，本堂课的教学因为有了贴图，所以充满了趣味；因为有了贴图，所以学生学得非常轻松；也因为有了贴图，使原本让人害怕的文言文变得亲近起来。愿这样美好的感觉能给予孩子们更多学习文言文的动力，使得这一学习之路变得多姿多彩！

精卫填海①

炎帝②之少女③，名曰女娃。女娃游于东海，溺④而不返，故⑤为精卫，常衔西山之木石，以堙⑥于东海。

注释

①本文选自《山海经·北山经》。精卫，神话中鸟的名字，形状像乌鸦，头上有花纹，白色的嘴，红色的脚，传说是炎帝小女儿溺水身亡后的化身。
②炎帝：传说中上古时期的部落首领。
③少女：小女儿。
④溺：溺水，淹没。
⑤故：因此。
⑥堙：填塞。

dì shào yuē nì fǎn
帝 少 曰 溺 返

帝 曰 溺 返 衔

文言文教学新视角

想象，带您感受文言的魅力

——《精卫填海》教学设计与评析

金华市婺城区白龙桥小学　王　玮（设计）

金华市婺城区白龙桥小学　邢丽君（评析）

一、教材解读

《精卫填海》是统编版语文教材四年级上册第四单元中的一篇文言文。"精卫填海"是中国上古神话传说之一，出自《山海经·北山经》，故事写的是炎帝的小女儿女娃葬身东海，化为精卫鸟，每天口衔树枝和石块填海的感人事迹，表现了精卫百折不回的毅力和意志。它与本单元的《盘古开天地》一起，既为学生进一步了解神话故事神奇的想象提供了范本，又为"快乐读书吧"阅读《很久很久以前》做了铺垫。

课文极其简短，仅有两句话，不仅告诉了我们故事的起因、经过、结果，而且人物形象鲜明，极富传奇色彩。课文插图生动形象，精卫鸟的渺小与东海的汹涌形成鲜明的对比，有助于学生进一步感受精卫的坚韧与执着。

四年级的学生已经有了初读文言文的基础，而此文又是学生已经熟知的故事内容，在教学中，可以引导学生借助注释、结合插图发挥想象，了解故事内容，讲述故事，感受精卫的美好品质以及神话神奇的想象。

二、教学目标

1. 认识本课生字，读准多音字"少"，会写"帝、曰"等5个生字。

2. 能正确、流利地朗读课文，力求熟读成诵。

3. 借助注释、结合插图，理清故事的起因、经过、结果，用自己的话讲讲精卫填海的故事。

4. 能和同学交流精卫给自己留下的印象，感受精卫的坚韧与执着。

三、教学重点、难点

借助注释、结合插图，理清故事的起因、经过、结果，用自己的话讲讲精卫填海的故事，感受精卫的坚韧与执着。

四、课前准备

学生预习课文、教师准备课件。

五、教学过程

（一）揭课题，温旧知

1. 看图猜故事，聊"精卫"，揭题。

谁来猜猜这幅图讲述的是什么故事？故事的主人公是谁？（精卫）你对它有哪些了解？

精卫，神话中鸟的名字，形状像乌鸦，头上有花纹，白色的嘴，红色的脚，传说是炎帝小女儿溺水身亡后的化身。

2. 今天要学习的课文《精卫填海》，你们知道这个故事出自哪本书吗？你是怎么知道的？（看注释）一起来了解这本书。

《山海经》，先秦古籍。主要记述古代地理、物产、神话、巫术、宗教等，也包括古史、医药、民族、民族等方面的内容，具有多方面的学术价值。我们熟悉的《夸父逐日》《羿射九日》《鲧禹治水》等都选自这本书。

3. 这是一篇文言文，我们之前学过哪些文言文？（《司马光》《守株待兔》）是用什么方法学习的？（反复朗读、借助注释、结合插图等）

【评析：《精卫填海》这个故事对四年级学生而言并不陌生。老师在课始让孩子们聊"精卫"，拉近了师生距离，激发学生的学习欲望，进而自然地引导学生关注注释，了解《山海经》。在交流回顾学习文言文方法的基础上，巧妙地突出了"读"——这一学习文言文最基本、最有效的方法。】

（二）读课文，品韵味

1. 初读课文。

反复读是学习文言文最基本也是最有效的方法，那就让我们走进课文，大声读起来吧！

温馨提示：

1.读准字音、读通课文，尝试读好停顿。

2.找出表示人物称谓的词语。

2. 反馈。

（1）指名读课文，读正确、读通顺，提醒读音：少（shǎo）女、为（wéi）。

（2）指名试读，教师范读，学生多种形式朗读，全班齐读，读出文言文的韵味。

①联系旧知：通过对《司马光》文言文的学习，学生初步知道了文言文朗读的停顿方法。

②重点引导学生读好长句。

女娲/游于东海，溺/而不返，故/为精卫，常衔/西山之木石，以/堙于东海。

（3）出示表示人物称谓的词：

炎帝　少女　女娃　精卫

①指名读。

②比较"少女"的古今异义。

古义：借助注释明白——小女儿；

今义：现在说的"少女"是什么意思？——年轻的女孩。

注释：　　　　　　　　　《现代汉语词典》：

③〔少女〕小女儿。　　　【少女】shàonǚ 图少年女子。

③梳理人物关系。

读着这四个称谓，你发现了什么？（少女、女娃、精卫指的是同一个人，炎帝是她的父亲。）

【评析： 文言文的学习首先是通读、读通，做到读准字音，读出节奏。王老师在教学的时候，先引导学生读准多音字"少""为"，再通过师生对比读，读好长句子的停顿，进而读出文言文的韵味。"少女"一词，融入古今词义的比较，梳理了人物的关系，为了解故事的起因、经过、结果做好铺垫。**】**

（三）说故事，品精神

1. 再读课文，梳理故事内容。

（1）课文讲了炎帝的小女儿女娃化为精卫填海的故事，那么故事的起因、经过、结果分别是怎样的？请你再次读课文，找出相应的内容。

（2）反馈交流，板书核心动词。

起因：女娃游于东海，溺而不返　　（板书：游、溺）

经过：常衔西山之木石　　（板书：衔）

结果：以堙于东海　　（板书：堙）

2. 聚焦经过，想象填海过程。

（1）聚焦插图，展开想象。

同学们，我们再来看插图中精卫填海的画面，结合课文，说说你关注到了什么？

你想用一个什么词语来形容东海？（浩瀚无边、汹涌澎湃）

对比体会：东海（浩瀚无边）——精卫（渺小无比）

你想用一个什么词语来形容精卫的眼神？（坚定、坚毅）

你觉得此时精卫会怎么想？

（2）聚焦动词，展开想象。

①面对浩瀚无边的大海，精卫放弃了吗？精卫具体是怎么填海的？你关注到了哪个字？

理解字义：衔。

观察字形:"行"中间+金字旁。

请你做做动作,以区别"叼""衔"的不同。

(衔:用嘴含;其本意为马嚼子,马嚼子是马术运动员安装在马嘴里的一根金属棍,连着缰绳,用以很好地控制马的活动。叼:用嘴夹住物体一部分,比如《狐狸和乌鸦》的故事里,乌鸦嘴里叼着一块肉。)

衔¹(衔、*啣、*衘) xián ❶〈书〉图马嚼子。(图见86页"镳和衔")❷囷用嘴含:燕子~泥|他~着一个大烟斗◇日已~山。❸存在心里:~恨|~冤。❹〈书〉接受;奉:~命。❺相连接:~接。

叼 diāo 囷用嘴夹住(物体一部分):嘴里~着烟卷儿|黄鼠狼~走了小鸡。

指导书写"衔"字,学生先观察,老师范写,学生练习写。

左中右 占位匀
相依傍 要紧凑
金字旁 写纤长
有错落 更美观

②三重引读：

师生配合着读：

日悬于空——精卫——衔西山之木石

疾风骤雨——精卫——衔西山之木石

白雪纷纷——精卫——衔西山之木石

日复一日，年复一年，精卫从没有放弃，这就是——"常衔西山之木石"。

3. 借助动词，复述故事内容。

课文紧紧抓住精卫的动作，述说填海的故事，现在你能借助这四个动词，结合注释，用自己的话讲讲精卫填海的故事吗？

4. 创设情境，感悟精卫品质。

东海波涛汹涌、精卫如此渺小，小小的精卫鸟焉能"堙于东海"？如此反差，精卫明知不可为而为之，同学们，学到这儿，你想对精卫说些什么？（板书：坚韧、执着）

再齐读课文，感受精卫坚韧、执着的品质。

【评析：此环节的教学在"读中悟"，在"悟中读"，有效地落实了本单元的语文要素。抓住精卫的行为，梳理故事内容，理清故事的起因、经过、结果。最精彩的是"聚焦经过，想象填海过程"这一部分的教学，巧妙运用插图，紧扣"常衔西山之木石"并让学生展开想象，在情境中一次次地引读，使学生能更深层次地感受精卫坚韧、执着的形象。】

（四）试背诵，巧积累

1. 借助板书动词提示，尝试背诵。

自由背—指名背—点评

2. 借助插图，尝试背诵。

同桌互背—指名背—师生对背—齐背（当然可以融入语速的快慢、声调的缓急，增加背诵的趣味性）

【评析："熟读唐诗三百首，不会吟诗也会吟。"说的是要多读，多积累。积累多了，慢慢就有了语感，古诗如此，文言文亦如此。此环节，用两个不一样的提示进行课文背诵，看似简单，却是层层递进。借助动词，有一定的框架，学生容易背诵，而借助插图展开想象，没了文字内容，增加了背诵难度，同时不失趣味，最终达到了积累的目的。】

（五）读类文，重拓展

1. 同学们可真能干，已经会读、会说、会背这则文言文了，收获真不小！其实在《山海经》这本书中，像精卫这样坚韧、执着的人物形象还有很多，我们来看《大禹治水》的故事。

2. 出示《大禹治水》原文及注释，借助注释读通、读懂文章。

· ·

尧舜时，九河不治，洪水泛滥。尧用鲧（gǔn）治水，鲧用壅①堵之法，九年而无功。后舜用禹治水，禹开九州，通九道，陂（bēi）②九泽，度（duó）③九山。疏通河道，因势利导，十三年终克水患。一成一败，其治不同也。

注释：

①雍：堵塞。

②陂（bēi）：筑坝蓄水。

③度（duó）：测量；勘测。

- -

【评析：王崧舟曾说："小学文言文教学，既是文言的启蒙，更是文化的启蒙。"此环节拓展同类文言文的阅读，使学生保持阅读文言文的兴趣，不仅增加了阅读量，同时巩固了学法。】

六、板书设计

13 精卫填海
《山海经·北山经》

起因：	游　溺	＼
经过：	衔	坚韧
结果：	埋	执着

【评析：此板书既利用关键动词概括了故事的起因、经过、结果，又提炼了人物品质，点出了文章的中心，可以说是人文性与工具性的完美统一。】

教学反思

　　四年级的学生已经有了阅读文言文的基础，本课《精卫填海》是学生熟知的神话故事。基于文本的特点和学生的学情，我在各环节的设计中有意引导学生在课堂中抓住动词、结合插图，展开想象的翅膀，品味文言韵味，感受人物形象。

"读文"，为想象铺路

　　本单元的语文阅读要素是了解故事的起因、经过、结果，学习把握文章的主要内容，感受神话神奇的想象和鲜明的人物形象。感受神话神奇的想象，首先就要读透课文，教学的出发点和落脚点都应该放在"读"上。通读，读准字音，读出节奏，使学生获得初步的文言语感；品读，知晓大意，体会含义，使学生了解文言文的主要内容；研读，展开想象，丰富故事，使学生体悟人物的形象。只有在反复读文后，才能更好地展开想象，感受神话的神奇和鲜明的人物形象。读说结合，读想渗透，既有文言文用现代文表述的训练，也有文言文的拓展训练。整堂课在多种形式的读、层层递进的读中理解、感悟、升华、拓展，孩子们在浸润式的课堂中走进文言文，感受文言文，热爱文言文，积淀文言语感，享受文化启蒙。

"看图"，给想象支撑

　　插图是教材的一部分，是重要的课程资源，教学中，只要我们善于开发与运用，插图必然会成为教学过程中的一泓活水。小学生喜欢多样的、生动的学习形式，配上带有一定情节的色彩的插图，可以更好地激发学生的学习兴趣。

这篇课文的插图生动形象，左上角是一只羽翼鲜艳、白喙赤足的精卫鸟，它嘴里叼着石子，正振翅高飞；下方和左上方是滔天巨浪。教学中，我有目的地引导学生关注插图，利用插图资源，鼓励学生展开想象的翅膀，以更好地感受人物形象。在引导学生观察插图的时候，以两个支点展开想象说话：其一，把目光聚焦到东海上，用词语来形容东海，那一定是"浩瀚无比、波涛汹涌"等，再把它与精卫鸟对比，不难发现一个浩大一个渺小，如此强烈的对比，给学生带来了视觉冲击；其二，学生把目光聚焦在精卫鸟身上，他们必定会留意到：精卫鸟身下就是冲天的巨浪，而它却依然口衔石块、目光坚定。此时，我让学生说说精卫鸟会想些什么。学生依托插图，能在想象的情境中强烈地感受到精卫鸟坚韧、执着的美好品质。

"引读"，为想象插翅

精卫填海，如此传奇的神话故事，课文仅用两句话表达，而真正写填海的经过，只有寥寥7个字——"常衔西山之木石"。课堂中，我紧紧抓住"常衔"这一核心短语，让学生展开想象，在脑海中形成画面。他们仿佛看见了，在烈日炎炎下，精卫衔着西山之木石；在疾风骤雨中，精卫衔着西山之木石；在白雪纷飞中，精卫衔着西山之木石。三重引读，三次想象，三次接读，学生在想象中把"常衔"画面读丰盈了。这样的教学有助于学生读好课文、感受人物形象。一次次的引读，都是以文言文的形式与学生进行合作，表达上比平日里更加简练，这恰恰也是对文本的精练表达。基于文本，却比原文更为精练，这就是文言文的韵味。

总之，神奇的故事需要神奇的想象来丰实。这一课，是想象让学生感受到了神话故事的神奇；是想象让精卫的人物形象深入心灵；是想象让学生感受到精练的文言文有着无穷的魅力。

王戎不取道旁李^①

　　王戎七岁，尝^②与诸小儿游。看道边李树多子折枝，诸儿竞走^③取之，唯^④戎不动。人问之，答曰："树在道边而多子，此必苦李。"取之，信然^⑤。

注释

①本文选自《世说新语·雅量》。王戎："竹林七贤"之一，自幼聪慧。
②尝：曾经。
③竞走：争着跑过去。
④唯：只有。
⑤信然：的确如此。

róng　zhū　jìng
戎　　诸　　竞

戎　尝　诸　竞　唯

文
言
文
教
学
新
视
角

让文言文教学点燃思维之光

——《王戎不取道旁李》教学设计与评析

金华市婺城小学　王　欣（设计）

金华市婺城小学　王政卿（评析）

一、教材解读

　　《王戎不取道旁李》是一篇文言文，选自南北朝时期志人小说集《世说新语》。文章讲述了魏晋时期"竹林七贤"之一的王戎幼时的故事，以其"不取道旁李"这一具体事例展示了王戎的聪慧。本文仅用4句话，49个字，通过"唯戎不动"和众孩子们"竞走取之"形成鲜明对比，勾画出一幅生动的画面，刻画出人物善观察、勤思考的形象。

　　本文是小学阶段学生要学习的第四篇文言文。纵观这四篇文章，看似独立，但是知识、技能和方法都有相似之处，学习目标也是基于之前的学习逐步提高的，从"借助注释等方法读懂文言文"，到本文的"能在了解文言文大意的基础上，用自己的话讲述故事，感受王戎这一人物的形象"，是一个综合的文言文学习网络。所以，本文的学习需要调用学生已有的阅读文言文的经验和方法，寻找知识点之间的联系，进行一定程度上的自主阅读和理解来感悟主人公形象，同时发展学生朗读、理解、思维和复述的能力。

二、教学目标

1. 认识本课"戎、诸、竞"3个生字，会写"戎、诸、竞"等5个生字，正确流利地朗读课文。

2. 运用"借助注释""借助工具书"等方法读懂课文，在理解的基础上背诵课文，用自己的话讲讲这个故事。

3. 明白"树在道边而多子，此必苦李"的原因。学习王戎善于思考，能根据观察到的现象进行推理判断的品质。

三、教学重点、难点

运用学过的方法读懂课文，在理解的基础上背诵课文，用自己的话讲讲这个故事。学习王戎善于思考，能根据观察到的现象进行推理判断的品质。

四、课前准备

学生预习课文、教师准备课件。

五、教学过程

（一）回忆导入，引发思考

1. 同学们，请看图，图上讲了一个什么故事？谁来试着背一背？司马光是一个怎样的孩子？（聪明、善于思考、机智勇敢）

2. 今天我们再去认识一位聪慧

《司马光》

的孩子，他叫王戎。（板书：王戎）

"戎"字既是翘舌音又是后鼻音，读时要注意。

指导书写"戎"字：部首是"戈"，书写时注意笔顺，"戎"字斜钩要挺拔舒展，不要忘了最后一笔是点。

3. 预习过的小朋友肯定对"王戎"有了简单的了解，你是从哪里获得这些信息的？（引导学生关注注释，借助注释①来简单认识。）

补充资料：

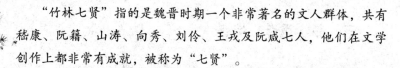

"竹林七贤"指的是魏晋时期一个非常著名的文人群体，共有嵇康、阮籍、山涛、向秀、刘伶、王戎及阮咸七人，他们在文学创作上都非常有成就，被称为"七贤"。

4. 司马光用一个"砸瓮"的动作展示了他的沉着机智，那么王戎的聪慧又是怎么表现出来的呢？（将课题补充完整，板书：不取道旁李）

请学生读课题，注意读好停顿。（王戎/不取道旁李）

【评析：《王戎不取道旁李》是一篇写人的文言文，与前面所学的《司马光》一文有相似之处。通过复习《司马光》一文，既能引起学生对王戎这一人物角色的期待，又对文言文的重要学习方法——借助注释进行了回忆，唤起了学生学习文言文的经验旧知，为本文的学习做好扎实的铺垫。】

（二）通读课文，了解大意

1. 为什么说王戎"不取道旁李"就是聪慧呢？让我们一起走

进课文。

温馨提示：
1.读准字音，读通句子。
2.想一想，课文讲了一件什么事？

2. 谁来试着读读下面这两个句子？

☆王戎七岁，尝与诸小儿游。
☆看道边李树多子折枝，诸儿竞走取之，唯戎不动。

正音：①注意"尝""诸""竞""折"等生字的读音，读正确。重点注意多音字"折"，"多子折枝"的"折"字借助《新华字典》确定其读音zhé。

3. 句子释义：王戎七岁，尝与诸小儿游。

平时生活中，"尝"一般表示什么意思呢？可以组成词语"品尝"。结合注释②理解"尝"在文中的意思为"曾经"，强调"尝"作为"曾经"的意思，多出现在文言文中。

引导学生关注"诸"字，出示"诸"的意思：

诸 | 讠部 | zhū ❶ 众；许多：~君 | ~位代表 | ~多不便。❷〈书〉"之于"或"之乎"的合音：付~实施 | 有~？❸ 姓。

根据意思，判断"诸小儿"和"诸儿"的意思一样，都表示许多小孩子。

把字词放回到句子中，谁来读一读？指名读。

4. 教师范读，学生标好节奏线，再齐读。

王戎 / 七岁，尝 / 与诸小儿 / 游。看道边李树 / 多子折枝，诸儿 / 竞走取之，唯 / 戎不动。人问之，答曰："树在道边 / 而多子，此 / 必苦李。"取之，信然。

5. 课文讲了一件什么事呢？

【评析：此环节的设计，让学生把课文读正确、读通顺、读出节奏，并借助工具书确定了"折"的读音，理解了"诸"的意思，从中了解了课文的主要内容，对文本有了整体的感知。】

（三）走进课文，感受形象

1. 为什么王戎不取道旁李？我们有这个疑问，课文中的人物也有这个疑问，文中哪句话告诉我们了？

人问之，答曰："树在道边而多子，此必苦李。"

（1）你能在括号中填上具体的人物吗？（学生口头说）教师根据学生的回答板书：诸小儿、王戎。

（　　）问之，（　　）答曰："树在道边而多子，此必苦李。"

（2）王戎说话时的语气是怎样的？（肯定的、自信的）你从哪个字感受到的？（必）"必"是什么意思？（肯定、一定）

如此肯定，果然自信啊，让我们通过朗读来感受这份自信。（师生合作朗读）

（3）王戎看到什么做出这么自信的判断呢？请你们再读一读这句话，找到关键词。（"道边""多子"）

（4）凭借"道边""多子"就能判断出"此必苦李"吗？让我们再去读读课文，感受王戎的思考判断过程并填空（用自己的话写一写）。

看到：路边的＿＿＿＿＿＿＿＿＿＿＿＿＿＿＿＿＿

想到：人们会＿＿＿＿＿＿＿＿＿＿＿＿＿＿＿＿＿

那么：李子树＿＿＿＿＿＿＿＿＿＿＿＿＿＿＿＿＿

而＿＿＿＿＿＿＿＿＿＿＿＿＿＿＿＿＿＿＿＿＿＿

判断：＿＿＿＿＿＿＿＿＿＿＿＿＿＿＿＿＿＿＿＿

（5）学生完成后交流，教师根据学生的语言相机出示课文内容。

....

看到：路边的 ____李树果实累累____，（多子折枝）

想到：人们会 ____争着去摘来品尝____，

那么：李子树 ____不会留下多少果实____，

而 ____李子树上还是有很多果实____，（多子）

判断： ____这些李子肯定是苦的____。（此必苦李）

....

（6）完成后引导：正是因为有了这样的判断，所以王戎才会如此自信地回答——树在道边而多子，此必苦李。

2. 他是这样说的，那又是怎么做的呢？找出文中句子。

....

看道边李树多子折枝，诸儿竞走取之，唯戎不动。

....

（1）唯戎不动，那其他孩子呢？（板书：唯戎不动 竞走取之）

（2）借助注释，说说这句话的意思。

（3）表演"诸儿竞走取之"。

几位学生表演"诸儿竞走取之"，其他学生观察并点评几位小演员的表现，引导学生发现"竞走"是争着、抢着跑过去的意思。

（4）面对这样光鲜红润、果实累累的李子，诸儿是——竞走取之，王戎是——不动。

3. 那么李子真是"苦"的吗？你们从哪得知？

取之，信然。

（1）这个"之"字是什么意思？课文中有三个"之"字，联系上下文想一想，分别是什么意思？

诸儿竞走取之 （指李子）

人问之 （指王戎不去摘李子这件事）

取之，信然。 （指李子）

（2）孩子们摘了李子尝了味道后，（信然）原来果真如王戎说的"树在道边而多子，此必苦李"。（再次指导学生朗读句子，读出自信肯定的语气。）

4. 短短几句话，从"看到"到"想到"，再到"推理判断"，简单明了，却将"王戎"刻画得十分生动，请你们带着感悟，再次齐读课文，边读边思考，课文哪些地方能看出王戎的聪慧过人？

再次聚焦："王戎七岁""诸儿竞走取之，唯戎不动""树在道旁而多子，此必苦李"。

这些都可以让我们感受到王戎真是（板书）：善观察，勤思考，聪慧过人。诸儿的"竞走取之"和王戎的"不动"形成了鲜明的行为对比，使王戎聪慧的形象更加突出了。

5. 让我们再来读一读这个故事。

【评析：文章的故事性很强，叙述简洁严谨。在"王戎为什么不取道旁李？"这个问题的引领下，从"此必苦李"这个推理结果入手进行"推理小练笔"，能够为学生提供一个独立思考、模仿推理的空间，加深对所学内容的印象，丰富对人物形象的感知。**】**

（四）复述故事，尝试背诵

1. 学完了课文，你能用自己的话来说说这个故事吗？你可以拿出作业纸，再进行修改完善，然后根据自己填写的内容来说一说。

看到：路边的 ___李树果实累累___ ，（多子折枝）

想到：人们会 ___争着去摘来品尝___ ，

那么：李子树 ___不会留下多少果实___ ，

而 ___李子树上还是有很多果实___ ，（多子）

判断： ___这些李子肯定是苦的___ 。（此必苦李）

第一遍讲故事，引导学生说清楚顺序：事情的起因→经过→结果（揭示故事道理），教师点评。（板书：把握内容，有顺序）

第二遍讲故事，引导学生把王戎的思考过程说得具体一些。（板书：关注思维，有重点）

第三遍讲故事，引导学生注意情节的具体展开，讲述中要有人物对话，让故事更生动。（板书：扩展情节，显生动）

2. 从这短短的49个字中，同学们竟能读出这么丰富的信息，并且有自己的思考，让我们再次齐读课文，边读边把王戎聪慧的形象印在心里。

3. 师生配合阅读。逐步去掉课件中的文字，让学生尝试背诵课文。

王戎（　　），尝与诸小儿游，看道边李树（　　）。诸儿（　　），唯（　　）。人问之，答曰："（　　　　　　）"取之，信然。

【评析：复述并不是简单地讲故事。教师有层次地引导学生进行复述：关注讲故事时要有一定的顺序，具体的情节展开能更生动，主人公的形象要突出。而这些，教师已经通过小练笔及情境表演做了铺垫，此时再进行复述故事方法的渗透，目标就水到渠成。】

（五）丰富形象，拓展阅读
1. 拓展学习《王戎观虎》。

魏明帝于宣武场上断虎爪牙，纵百姓观之。王戎七岁，亦往看，虎承间①攀栏而吼，其声震地，观者无不辟易颠仆②，戎湛然③不动，了无惧色。
注释：①承间：趁机。②辟易颠仆：惊慌逃躲，摔倒伏地。③湛然：安详沉静地。

结合注释，说说你又读出了怎样的王戎？
2.《王戎不取道旁李》选自《世说新语》一书，是南朝文学家刘义庆写的，书中有许多小故事，历经千年，依然鲜活生动，比如《孔融让梨》《王戎识李》，同学们可以去找来读一读。

【评析：王戎是中国历史上真真切切存在过的人物，那么除了善观察、勤思考，他还有怎样的品质呢？本环节的故事拓展，不仅仅是让学生运用所学方法再读文言文，更丰富了王戎这一人物形象。】

六、板书设计

25 王戎不取道旁李

| 对比 |

诸儿竞走取之　　　　唯戎不动　　　　把握内容，有顺序

此必苦李　　　　　　　　　　关注思维，有重点

善观察、勤思考　　　　　　　扩展情节，显生动

【评析：主板书呈现了课文主要内容，"竞走取之"和"唯戎不动"形成了鲜明对比，突出了王戎"善观察、勤思考"的品质。副板书为学生说好故事提供了拐杖，有层次地引导学生习得复述方法。】

教学反思

《王戎不取道旁李》与三年级上册第24课《司马光》一文类型相似，都是通过具体事例的描写来展示主人公的聪慧形象。所以，我认为在学习本文时，可以对知识和能力进行迁移，着眼于文言文自主学习和阅读能力的提高。

寻找共同点，举一反三

通过学习《司马光》这篇写人的文言文，学生已经初步获得这类文章的学习体验：读读课文，总结人物形象，用自己的话讲故事。所以，在学习《王戎不取道旁李》一课时，首先通过不同层次的读来读通课文，然后引导学生利用"联系上下文，借助插图，借助经验"来读懂课文，此时，学生对王戎聪慧的形象有了一定的认知。最后在"用自己的话讲故事"的部分，我设计了三个不同梯度的训练：把握内容，有顺序；关注思维，有重点；扩展情节，显生动。在训练过程中，学生的语言内化，思维外显，复述的能力得到了提升。

关注朗读点，声声入耳

2011版《义务教育语文课程标准》提出："诵读优秀诗文，注意通过语调、韵律、节奏等体味作品的内容和情感。"由此可见，文言文学习，"读"占鳌头。本篇文章虽然只有49个字，但四年级的小学生对文言文还是相对陌生的，所以想理解文本内容，必须要在熟读的基础上进行。相对于现代文，文言文的朗读点更需要精心设置。我在教学时，随着各个教学环节的展开，依据学生的课堂表现，时刻关注既定朗读点和动态生成的朗读点，抓住课题、关键词句、提示语、文白等要素，采取齐读、对读、自由读、个人展示读、师生配合读等各种形式，以读促思，以读代悟，让课堂始终充满读书声。待课堂即将结束之时，不经意间，学生就熟读成诵了。

构建思维点，串珠成线

《王戎不取道旁李》一文有一个突出的特点——推理思维，为什么"树在道边而多子，此必苦李"？这一问题看似简单，但思维严谨。学生理解了这个问题，就意味着能将王戎的思维过程还原，进而感受王戎的聪慧。学生回答这个问题时，往往不知道从哪里说起，想要表达却又说不清楚。教师怎样带领学生还原思维过程，并清晰地表达出来呢？这是本文学习的一个难点。我在教学时，紧扣推理过程，设计了小练笔，将自主学习、课文理解、文白对读、课文复述这几个思维点串起来，层层递进，形成一条明显的主线。在这个过程中，学生迫不及待地发表自己的看法，用自己的语言清晰地表达自己思考的过程，既降低了本文学习的难度，又锻炼了思维能力，达到了掌握语文知识、提升理解水平、发展思维能力的目的。

　　总之，小学阶段的文言文教学，教师需要在文言文积淀和现代文阅读之间，不断尝试更多的路径和方法，要让学生乐意与文言文相伴。

囊萤夜读①

　　胤恭勤②不倦，博学多通③。家贫不常得油，夏月则练囊④盛数十萤火以照书，以夜继日焉。

注释

①本文选自《晋书·车胤传》。囊，用口袋装。萤，萤火虫。
②恭勤：恭敬勤勉。
③通：通晓，明白。
④练囊：白色薄绢做的口袋。

统编版小学语文四年级下册第22课

涵泳诵读　习得方法

——《囊萤夜读》教学设计与评析

兰溪市外国语小学　毛　娟（设计）

金华市环城小学教育集团第二小学　姚晓芳（评析）

一、教材解读

统编版四年级语文下册第七单元选编了《囊萤夜读》和《铁杵成针》两则文言文，写的都是古人勤学的故事，有共同之处。《囊萤夜读》是第一则文言文，全文33个字，讲述了晋朝人车胤因家境贫寒，夏天的夜晚没钱买油灯看书，就用白色的薄绢做成袋子，装入几十只萤火虫照着书本，勤奋读书。这个故事告诉我们，无论环境有多么恶劣，我们都能创造条件勤奋苦学。

本文篇幅短小，用陈述性的语言交代了事情的起因、经过、结果，内容平实，语言精练。课文配有一幅"囊萤夜读"图，有助于学生图文对照学习文言文。同时借助注释、学习用字组词等方法读懂课文内容，感受车胤勤奋学习的品质。

二、教学目标

1. 认读"恭、勤、焉"3个字，会写"囊、萤、恭、勤、博、贫、焉"7个字。

2. 能正确、流利地朗读课文，并试着读出文言文的韵味，背诵课文。

3. 能借助注释、插图、用字组词等学习文言文的方法，理解课文中每句话的意思。

4. 品读车胤囊萤夜读的动作，想象画面，感受文中人物的品质。

三、教学重点、难点

能借助注释、插图、用字组词等学习文言文的方法，理解课文中每句话的意思。品读车胤囊萤夜读的动作，想象画面，感受文中人物的品质。

四、课前准备

学生预习课文、教师准备课件。

五、教学过程

（一）谈话导入，引出课题

同学们，今天我们将走进第22课《文言文二则》的第一则，题目是《囊萤夜读》。看老师板书课题，学生读题。谁知道"囊"的意思？借助注释，我们知道"囊"是用口袋装的意思。题目"囊萤夜读"是说在夜晚，用口袋装萤火虫借光读书。"囊"是生字，书写时要注意（"囊"笔画多、横画多，书写时要先考虑好横画的长短和留白距离，注意各部件要写得紧凑）。

【评析：课的开端引导学生借助注释理解课题中重点字的字

义，并落实生字教学，通过对重点字的理解从而理解课题的意思，为本文学习做好铺垫。】

（二）初读文本，感知大意

1. 同学们，你们还记得文言文的学习方法吗？（借助注释、联系上下文、借助插图等）下面就让我们带着这些金钥匙开启今天的文言文学习之旅。

请同学们大声读课文，注意读准字音，读通句子。

2. 读完故事，知道这个故事写的是谁吗？（车胤）车胤是何许人也，你听过关于他的故事吗？（提醒学生联系《三字经》中的"如囊萤，如映雪，家虽贫，学不辍"）

3. 资料补充：

车胤（约333年—401年），字武子，南平新洲（今湖南津市）人，东晋大臣。车胤自幼聪颖好学，因家境贫寒，常常无油点灯，夏夜就捕捉萤火虫，用以照明，自此学识与日俱增。后入朝拜吏部尚书，为人公正，不畏强权。

4. 同学们一定发现了这段关于车胤生平的介绍词中，有一部分内容就是我们的课文中所写的内容，找一找。

【评析：用《三字经》中关于车胤的语句来唤醒学生对新知的兴趣，既有拓展，又有新意。介绍主人公的补充资料与文本密切关联，从人物介绍到课文理解，衔接得十分自然。】

（三）对比读文，初知文意

1. 对比读文

···

    车胤自幼聪颖好学，因家境贫寒，常常无油点灯，夏夜就捕捉萤火虫，用以照明，自此学识与日俱增。

    胤恭勤不倦，博学多通。家贫不常得油，夏月则练囊盛数十萤火以照书，以夜继日焉。

···

    2. 同学们发现了什么？（左边是现代文，右边是文言文，意思基本差不多）看来同学们都有一双敏锐的眼睛。那么你们觉得哪种文体更难读？（文言文）有信心挑战一下吗？自己再把这则文言文读两遍。

    3. 听着同学们的朗读，老师也想来读一读。同学们听听老师的朗读和大家有什么不一样？出示带停顿提示的文本：

···

    胤 / 恭勤不倦，博学多通。家贫 / 不常得油，夏月 / 则 / 练囊 / 盛数十萤火 / 以照书，以夜继日焉。

···

    4. 请同学们对照PPT做好标记，再把这则文言文读一读，争取读出节奏，读出韵味。

    【评析：此环节开展了两次对比教学，第一次通过对比读文，

巧妙地帮助学生了解文言文大意；第二次通过师生朗读比较，让学生体会文言文的节奏和韵味。】

（四）品读字词，感受品质

1. 同学们，插图也是我们学习文言文的资源。你能说说图上的车胤在做什么吗？（车胤抓了几十只萤火虫借着光线在读书。）

2. 课文中哪句话是直接描写插图内容的？

3. 谁来说说这句话是什么意思？

家贫不常得油，夏月则练囊盛数十萤火以照书，以夜继日焉。

（1）借助注释理解"练囊"；

（2）组词理解字义"贫、常"；

"家贫不得油"中的"贫"是什么意思？（贫穷）刚才你把这个字组成了一个词，这种用字组词的方法是我们新学的一种学习文言文的好方法。

（3）用换词法理解"以夜继日"；

拓展："以夜继日"和"夜以继日"两个成语已通用，都指晚上接着白天继续干，如"以夜继日地复习功课"，也可以说成"夜以继日地复习功课"。

（4）利用已知和生活经验，理解"萤火"。

4. 同学们真会读书，现在老师想考考你们，能用文言文中的一个四字词来概括这句话讲的意思吗？（囊萤夜读）真了不起，一下子就把书读薄了，让我们再来读一读这句话。

5. 看着书中插图，读着这句话，你看到了一个怎样的车胤？（"勤奋好学、认真刻苦"）

6. "勤奋好学、认真刻苦"用文中的一个词来形容叫什么？（恭勤不倦）同学们，你们能用刚才我们学的用字组词的方法来说一说"恭勤不倦"的"倦"是什么意思吗？一个"恭勤不倦"又让我们读到了一个刻苦好学的车胤。正因为车胤的刻苦好学，所以车胤——"博学多通"。用组词的方法理解"博"（广博）、"通"（通晓）。

【评析：插图是课文的"第二语言"。在这个环节中，教师借助课文插图优化文本对话，促进文本感知，引导学生聚焦重点语句。在这个版块里，通过概括，学生的总结能力得以提升；通过组词理解字义，学生学会了新的文言文学习方法。在品词析句的过程中，学生读出的人物形象是丰满的。】

（五）展开想象，升华感情

1. 同学们，课文主要讲了什么，我们已经都明白了。让我们来看一看，《囊萤夜读》这个故事一共只有两句话，33个字，在这两句话中，令你感触最深的是哪句话呢？为什么？

胤恭勤不倦，博学多通。

车胤勤勉认真，学习不知疲倦令人感动；车胤学问渊博，通晓许多知识令人敬佩。

家贫不常得油，夏月则练囊盛数十萤火以照书，以夜继日焉。

2. 车胤勤奋学习、囊萤夜读的画面深深触动了大家，在这个画面中，哪个镜头让你印象深刻？同桌之间互相演一演。

教师描述画面，指名学生表演：当夜深人静时，车胤独自一人在萤火之下勤奋苦读。

一阵风吹过，萤火飘忽不定，车胤——

夜渐渐深了，萤火忽明忽暗，车胤——

不觉已是三更，萤火渐渐微弱，车胤——

是啊！车胤就是这样练囊盛数十萤火——以照书。（PPT中"以照书"标红。）

家贫不常得油，夏月则练囊盛数十萤火以照书，以夜继日焉。

3. 假如你是车胤的家人，看到车胤这样恭勤不倦，你会怎么说？朋友呢？邻居呢？

【评析：文言文短小精悍，给人留下了充分的想象空间。这个环节紧紧抓住"以照书"这个动作，让学生想象画面演一演，创设情境说一说，令车胤恭勤不倦的形象更加深入人心。】

（六）背诵积累，知识延伸

1. 车胤的恭勤不倦感动了他的家人、朋友、邻居，也深深地打动了我们，让我们再来读一读课文，再次走进囊萤夜读的故事。

2. 读着读着，有的同学慢慢地就记住了课文。谁能借助下面的提示来试一试背诵课文？

  胤 _____，_____。家贫_____，夏月
则 _____以照书，_____焉。

  3. 闭上眼睛，配乐诵读。

  4. 同学们，古人勤奋学习的故事还有很多很多，《三字经》中就有"如囊萤，如映雪，家虽贫，学不辍"的记载。其实，这句话中包含了两个人刻苦读书的故事。你已知道"囊萤"的出典，那么"映雪"是谁的故事呢？让我们一起来读一读《孙康映雪》的故事。

  晋代的孙康由于家贫而无法点灯夜读，所以只能早早睡觉。有一年冬天，雪下得特别大。半夜时分，孙康从梦中醒来。他忽然发现，书上的字在雪地里看得很清楚。孙康非常高兴，忙坐雪地里看书，坐累了就躺在雪地里，映着雪的反射光线读书。此后，每遇到下雪，孙康就不顾严寒，躺在雪地里读书，时间长了手脚都长满冻疮。通过这种方法他读了很多的书，最后官拜御史大夫。

  5. 同学们，古有囊萤映雪，希望你也能像车胤、孙康那样无论环境多么恶劣，都能创造条件勤奋苦读。

  6. 课后作业：

  （1）用自己的话把《囊萤夜读》的故事讲给爸爸妈妈听。

  （2）推荐阅读《欧阳苦读》《王冕好学》。

  【评析：课的结尾通过熟读成诵，积累文言。通过拓展同类的经典故事，以一篇文章带动一类文章的阅读，从而引导学生把视

角伸向更多的"经典阅读"。】

六、板书设计

囊萤夜读

以照书

创造条件 ← → 勤奋苦学

借助注释
结合插图
用字组词
巧换词语
联系生活

【评析：此板书简洁明了，紧扣本单元的语文要素，抓住"以照书"这一动作，将车胤无论环境多么恶劣，也要创造条件勤奋苦学的这一品质浓缩提炼，有助于学生理解。】

教学反思

统编版教材文言文的篇目明显增多了，学段提前了，在学习本课之前，学生已经初步掌握了学习文言文的方法。因此，本课在教学设计中努力让生本理念落实落地，让学生的思维得到发展。

读则为学，内化于心

古人云：书读百遍，其义自见。学习文言文更应以诵读为主，淡化分析串讲，引领学生在读中理解，读中悟理，读中积累。教学中我安排了借助注释读通顺、教师范读明节奏、利用插图读懂意、演读想象品形象、积累背诵化于心等方式，有层次地让孩子们进行朗读。在这五个不同层次的朗读训练中，学生读懂了这则文言文的意思，读懂了文章所表达的主旨。

学法渗透，外化于行

　　文言文的学习不仅需要诵读积累，更需要学法的指导。学生在之前的学习中已经掌握了"借助注释""利用插图""联系上下文"等方式来读懂文言文。这一节课中，我结合课后习题中的教学要求，不仅采用了"借助注释""利用插图""联系生活经验"的方式来引导学生理解课文中每句话的意思，还将"用字组词""换词"的学习方法渗透其中。学生们用这些方法一步步明晰了故事的大意，同时我将这些学习方法在交流过程中一一板书出来。孩子们通过具体的、外化的学习方法，走进文言文，走近主人公。在此基础上，我又引导学生利用想象来还原故事画面，说说"不同的人物角色看到车胤囊萤夜读后会说什么"，以此感受传统文化故事对学习的正向引导，让学生受到精神上的洗礼。

习得语言，聚水成涓

　　语文学习的过程是一个言语系统不断发展、不断丰盈的过程。要让学生的言语能力得到提升，积累是首选。在这节课中，我通过"以夜继日""夜以继日"的对比积累词语；通过熟读成诵发展语感，积累语言；通过课外拓展、类文阅读，积累文言文。学生唯有在日积月累的过程中才可能形成语感，从量变到质变，提升文言文的学习水平，实现日后语言文字的输出。正所谓厚积薄发，聚水成涓。

　　文言文的学习充满着浓郁的文化气息，也充满着挑战。作为老师，我们需要做的是引导学生去发现，去归纳，去梳理文言文的学习方法，通过"诵读指导、学法渗透、积累背诵"等方法引导学生学会触类旁通，直到形成融会贯通的自主学习能力。文言文的教学路上，且行且思。

铁杵成针①

　　磨针溪，在象耳山下。世传李太白读书山中，未成，弃去。过是②溪，逢老媪方③磨铁杵。问之，曰："欲作针。"太白感其意④，还卒业⑤。

注释

①本文选自宋代祝穆的《方舆胜览·眉州》。铁杵，用来舂米或捣衣的铁棒。

②是：这。

③方：正在。

④感其意：被她的意志感动。

⑤还卒业：回去完成了学业。

gōng qín yān zú
恭　勤　焉　卒

囊　萤　恭　勤　博　贫　焉　逢　卒

读为首法　聚沙成塔
——《铁杵成针》教学设计与评析

金华市北苑小学　陈小丹（设计）
金华市婺城区教研室　滕宝明（评析）

一、教材解读

《铁杵成针》是统编版四年级语文下册第七单元《文言文二则》中的第二则，篇幅短小，寓意深刻。全文仅45个字，讲述了李白在眉山读书时，准备放弃学业，偶遇一位老妇人，要将铁棒磨成针，李白深受感动，回去完成了学业。这篇文言文告诉我们，无论做什么事，都要有锲而不舍、持之以恒的精神。

学生从三年级开始接触文言文，已经初步学习了"借助注释""联系上下文""借助插图"等文言文学习方法。在教学时，除了引导学生运用这些方法来理解文言文，还可以结合课后习题，继续学习用字组词的方法理解字义，并进一步激发学生阅读文言文的兴趣。

二、教学目标

1. 会认"卒"字，会写"逢、卒"这两个生字，能正确、流利地朗读课文，并试着读出文言文的韵味。背诵课文。

2. 能借助工具书、注释、看字形猜字义、用字组词等学习文言文的方法，理解课文中每句话的意思。

3. 品读李白与老妇人的对话，感受文中人物的品质。

三、教学重点、难点

能借助工具书、注释、看字形猜字义、用字组词等学习文言文的方法，理解课文，品读李白与老妇人的对话，感受文中人物的品质。

四、课前准备

学生预习课文、教师准备课件。

五、教学过程

（一）谈话导入，引出课题

1. 同学们听说过这些成语故事吗？你能不能把它们与相应的历史人物连连线呢？

凿壁偷光　　吕蒙

手不释卷　　杨时

悬梁刺股　　匡衡

程门立雪　　孙敬

2. 这些故事都与什么有关？都与读书有关。今天我们也来学习一位名人读书的故事，题目是《铁杵成针》。（板书课题）

3. 这个故事中的名人是谁呢？（李白）对于李白，你有哪些了解？

补充资料：

李白，字太白，号青莲居士，是唐代伟大的浪漫主义诗人，被后人誉为"诗仙""谪仙人"，与杜甫并称为"李杜"。其人爽朗大方，爱饮酒作诗，喜交友。

【评析：《铁杵成针》是一则成语故事类的文言文，用学生熟悉的成语故事导入，能够以"温故"促"知新"，营造学习故事的氛围，同时，也建构起了故事与人物之间的内在联系。】

（二）对比读文，发现不同

1. 这个故事，很多同学都已经很熟悉了。谁知道故事讲的是什么内容？（PPT左侧出示《铁棒磨成针》的故事）

2. 可是，我们今天学习的是一则文言文。（PPT右侧出示《铁杵成针》课文）

铁棒磨成针

李白是我国唐朝的一位伟大诗人。他小时候很贪玩，怕困难，读书很少长进。

有一天，李白走到一条小河边，看见一位白发苍苍的老奶奶正在磨一根铁棒。他觉得很奇怪，就走到老奶奶跟前问道："老奶奶，您磨这铁棒干什么？"老奶奶说："做针。"李白越发奇怪了："做针？铁棒怎么能磨成针呢？"老奶奶说："能，一定能。只要功夫深，铁棒就能磨成针。"

李白听了老奶奶的话，明白了一个道理：不论做什么事情，只要有决心，肯下功夫，就能成功。

从此，李白刻苦学习，进步很快。后来，他成了一位有名的诗人。

铁杵成针

磨针溪，在象耳山下。世传李太白读书山中，未成，弃去。过是溪，逢老媪方磨铁杵，问之，曰："欲作针。"太白感其意，还卒业。

3. 它们同讲一个故事，但是表达的方式却不一样，左边是现代文，右边是文言文。请你快速浏览一下，有什么感觉？（左边的现代文通俗易懂，容易理解。右边的文言文行文简练，难读难懂。）

4. 是呀，对于文言文来说，读至关重要，所以在接下来的学习中，我们要在读上下功夫。

【评析：新课伊始，将文言文与现代文进行直接的对比，能够更直观地感受文言文语言的简练，同时，也使接下来的学习目的性更强。】

（三）检查预习，读好停顿

1. 检查预习，教学生字。

（1）课前大家已经预习过课文了，课文中要求会认的生字只有一个，就是"卒"字。它是平舌音，谁能把它念准？

（2）"卒"字在字典中有这几种解释：

卒（`卒`） zú ㄗㄨˊ ❶古时指兵：小～｜士～。❷旧称差役：走～｜狱～。❸死亡：生～年月。❹完毕，终了：～业。❺究竟，终于：相持半月，～胜敌军。

我们看看课文中"卒"所在的句子，你觉得应该选哪种意思？（第四种）

太白感其意，还卒业。

小结：借助工具书，可以让我们更好地理解生字词的意思。（板书：查工具书）

2. 学生自读，读懂课文。

课文中的生字我们已经认识了，也了解了它的意思。接下来，请你大声把课文读两遍。（指名读）

3. 教师示范，读出节奏。

（1）老师也想来读一读。（教师范读）老师读的和你们有什么不一样？

（2）请你对照屏幕停顿提示，检查自己的停顿是否合适，再读一读。

磨针溪，在 / 象耳山下。世传 / 李太白 / 读书山中，未成，弃去。过 / 是溪，逢 / 老媪 / 方 / 磨铁杵。问之，曰："欲作针。"太白 / 感其意，还 / 卒业。

【评析：把功夫扎扎实实地花在读上，是学习语文的重要手段。文言文教学，要把每个字的字音读准确，扫清阅读障碍。同时，文言文的节奏感都非常鲜明，读起来朗朗上口。在教学中，我们可以通过教师的范读、引读，让学生感受文言文的节奏，再通过反复诵读，通过语言的声音和节奏，体会言语表达的效果。】

（四）对照注释，读懂文言

1. 会读仅仅是学习文言文的第一步，我们还要读懂文章的意思。接下去，请你借助注释，理解句子的意思。

2. 交流：你理解了文中哪一句话的意思？除了借助注释，你还运用了什么方法？

世传李太白读书山中，未成，弃去。

可以像学习《囊萤夜读》一样，通过组词的方式理解字义。把这一句中的"弃"组成"放弃"，就能帮助我们理解意思了。（板书：用字组词）

．．．．．．．．．．．．．．．．．．．．．．．．．．．．．．．．．．．．．．

过是溪，逢老媪方磨铁杵。

．．．．．．．．．．．．．．．．．．．．．．．．．．．．．．．．．．．．．．

　　看字形猜字义："媪"，部首是"女"，联系前面的"老"，
推测意思是老婆婆或老奶奶。（板书：观字形）

　　结合注释中"是""方"的意思，就能理解这句话的意思是：
（他）路过一条小溪，遇见一位老妇人正在磨铁棒。

．．．．．．．．．．．．．．．．．．．．．．．．．．．．．．．．．．．．．．

太白感其意，还卒业。

．．．．．．．．．．．．．．．．．．．．．．．．．．．．．．．．．．．．．．

　　通过注释，我们可以理解这句话的意思是：李白被她的意志
感动，回去完成了学业。（板书：看注释）

　　3. 没错，这些都是学习文言文的好方法。接下来，就请你和
你的同桌相互说说这个故事吧！

　　【评析：学习文言文，同样要立足于学生，注重培养学生自主
学习的意识和习惯，为学生创设良好的自主学习情境，使学生在
语文学习实践中运用已经学过的方法来学习文言文，逐步形成"阅
读浅显文言文"的能力。】

　　（五）关注对话，读中悟理

　　1. 同学们，课文主要讲了什么，我们已经都明白了。让我们
来看一看，《铁杵成针》这个故事总共有几句话？对，只有五句话，
却把记叙文的起因、经过、结果都交代得一清二楚。你发现了吗？

（小结板书）

学未成　　　弃去

逢老媪　　　磨铁杵

感其意　　　还卒业

2. 是什么事情让李白改变了自己的学习态度，最后"还卒业"呢？（逢老媪磨铁杵。）

3. 课文中描写李白和老媪的交流只用了一句话。

问之，曰："欲作针。"

（1）谁问谁？（李白问老媪）

（2）想象一下，李白会问些什么呢？

（3）老媪的回答，文中只用了三个字——"欲作针"，这中间省略了许多的故事情节，展开你的想象，你的脑海中会出现哪些画面？

（4）是呀，简简单单六个字的对话描写，却让我们感受到老媪那份持之以恒的毅力和决心。这一份决心，李白感受到了吗？他会想些什么呢？

（5）李白也被老媪的意志感动，所以，最终他才会——还卒业。

【评析：文言文因其语言简练的特点，往往会有一些"留白"。此处，抓住人物的对话进行想象拓展，能够让学生更好地感受"老媪"锲而不舍、持之以恒的精神，而这，也恰恰夯实了本单元"从人物的语言、动作等描写中感受人物的品质"这一语文要素，可以说是恰到好处。】

（六）背诵积累，拓展名言

1. 李白被老媪磨铁杵欲作针的意志所感动，还卒业，并最终成为一位伟大的诗人。《铁杵成针》的故事被宋代的祝穆记录在了《方舆胜览·眉州》中，并一直流传至今。

那么，人们会怎样传颂这个故事呢？古人读文讲究吟咏，读得入情入境时还摇头晃脑，请你试着来读一读。

2. 有的同学不仅读出了感觉，还慢慢记住了课文。谁能借助下面的提示来试一试背诵课文？

磨针溪，在 _____。世传 _____，未成，_____。过 _____，逢老媪方 _____。问之，曰："_____。"太白 _____，_____。

3. 读书百遍，其义自见。《铁杵成针》这个故事带给我们怎样的启示呢？

只要坚持不懈，就算是铁杵也能磨成针。

一个人，认准了一个目标，只要坚持不懈，就可以创出佳绩。

目标专一而不三心二意，持之以恒而不半途而废，就一定能实现我们美好的理想。

……

4. 难怪人们常说——

铁杵磨成针，功到自然成。

只要功夫深，铁杵磨成针。

【评析：文言文具有极高的文化价值、教育价值和艺术审美价值，通过反复诵读，最终实现熟读成诵，既积累了语言，又使学生加深了对文本的理解，亦获得了理性的审美感受。】

(七) 知识延伸，布置作业

1. 课后，请你将《铁杵成针》的故事讲给别人听，有兴趣的同学还可以将这个故事进行扩写。

2. 选择《凿壁偷光》《手不释卷》《悬梁刺股》《程门立雪》等文言文故事中的一个进行阅读。

【评析：立足课内，向外延伸，是培养学生自主学习能力的一种好的范式。通过引导学生阅读课外文言文，能够进一步迁移运用学习文言文的方法，进而形成能力。】

六、板书设计

铁杵成针

学未成	弃去	用字组词
逢老媪	磨铁杵	观字形
感其意	还卒业	看注释
		查工具书

【评析：好的板书就是一份微型教案。此板书分为主板书和副板书两个部分，主板书呈现了故事的起因、经过、结果，力求串起故事内容；副板书则是文言文学习方法的呈现，围绕重点，突破难点，真正为学生的学习做了辅助。】

 教学反思

《铁杵成针》是四年级语文下册第七单元《文言文二则》中的第二则，在此之前，学生已经学习了《司马光》《守株待兔》《精卫填海》《王戎不取道旁李》《囊萤夜读》等文言文，初步学会了一些学习文言文的方法。因此，在设计这一课的教学环节时，我以读为首，引导学生开展自主学习和主动学习，运用方法来理解文言文，并进一步激发学生阅读文言文的兴趣。

文言学习，读为首法

温儒敏先生曾经说过，怎样教好古诗文的课？最好的办法就是反复诵读，读得滚瓜烂熟，不用进行过多的阐释，也不要太多活动，宁可多读几遍、多读几篇。确实，学习文言文，功夫全在一个"读"字上。因此，文言文教学首先要会读，读通、读顺，读出文言文的节奏美、韵律美。

本课教学设计，以"读"为首法，在整个教学过程中贯穿了"五读法"。一读，读通，读准字音，扫清字词障碍。二读，读顺，借助停顿，读出文言文的节奏、韵律。三读，读懂，了解文言文的大意。四读，悟理，领会文章主旨。五读，品"味"，感受文言文的韵味，积累语言。

这样一来，读的时间得到了保证，读的重点层次分明，读的基调清楚明晰，读的方法紧扣重点，读的指导也就能层层落实了。

迁移运用，聚沙成塔

　　学习是一个不断积累，形成技能的过程。苏霍姆林斯基说："我深信，只有能够激发学生去进行自我教育的教育，才是真正的教育。"同样，学习文言文不是一蹴而就的，"读"是基础，而迁移学法并进行运用，正是一个逐步积累的过程，也是形成自我教育的途径。

　　统编教材中，能力训练点之间围绕同一种阅读能力，按学段特点，由浅入深。学生在学习《铁杵成针》一文前，已经初步学习了"借助注释""联系上下文""借助插图"等方法来学习文言文，因此，在本课的教学中，我着重引导学生通过自读自悟来迁移运用这些方法，并引导学生阅读课外文言文，进一步迁移运用学习文言文的方法，进而形成能力，达到"聚沙成塔"的目的。

　　任何一种学习都要受到学习者已有知识经验、技能、态度等的影响，只要有学习，就有迁移。当我们始终对文本语言保持一种高度的敏感和警觉，引导学生去发现，去归纳，去总结，去积累后，这样触类旁通的学习过程将使文言文的学习成为长久的滋养，而"量"的积累，必将迎来"质"的改变。

少年中国说（节选）

故今日之责任，不在他人，而全在我少年。少年智则国智，少年富则国富，少年强则国强，少年独立则国独立，少年自由则国自由，少年进步则国进步，少年胜于欧洲则国胜于欧洲，少年雄于地球则国雄于地球。

红日初升，其道大光。河出伏流，一泻汪洋。潜龙腾渊，鳞爪飞扬。乳虎啸谷，百兽震惶。鹰隼试翼，风尘吸张①。奇花初胎，矞矞皇皇②。干将发硎，有作其芒③。天戴其苍，地履其黄④。纵有千古，横有八荒⑤。前途似海，来日方长。

美哉⑥，我少年中国，与天不老！壮哉，我中国少年，与国无疆！

注释

①鹰隼试翼，风尘吸张：鹰隼展翅试飞，掀起狂风，飞沙走石。隼，一种凶猛的鸟。
②矞矞皇皇：华美瑰丽，富丽堂皇。
③干将发硎，有作其芒：宝剑在磨刀石上磨出来，发出耀眼的光芒。干将，古代宝剑名。硎，磨刀石。
④天戴其苍，地履其黄：头顶着苍天，脚踏着黄土大地。
⑤八荒：指东、南、西、北、东南、东北、西南、西北八个

方向上极远的地方。

⑥哉：表示赞叹，相当于"啊"。

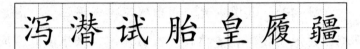

让思维的种子落地

——《少年中国说（节选）》教学设计与评析

东阳市外国语小学　王宇燕（设计）
金华市环城小学教育集团第二小学　姚晓芳（评析）

一、教材解读

　　《少年中国说》是一篇散文，写于1900年，全文共十一段，约三千多字。作者梁启超为了驳斥帝国主义的野蛮行径和卑劣阴谋，纠正国内一些人自暴自弃、甘为亡国奴的心理，激起全国人民的爱国热情，写了这篇《少年中国说》。全文把封建古老的中国和他心目中的"少年中国"做鲜明的对比，极力赞颂少年勇于改革的精神，鼓励人们发愤图强，肩负起建设少年中国的重任，表达作者热切盼望祖国繁荣富强的强烈愿望和积极进取的精神。本文的语言特点是句式整齐，气势磅礴，并且多有恰当的比喻、排比、对偶等，节选的这部分内容非常适合五年级学生学习，复沓的修辞方法突出，句子的意思层层递进，通过简短的文字，可以充分感受到"少年中国"和"中国少年"之间的紧密关系。

　　五年级的学生已经学过了查找、整理资料的基本方法，学生自己可以做到借助注释和资料大致理解文意。但课文中出现的象征手法，以及"少年中国"与"中国少年"之间的辩证关系，对于学生来说是比较难理解的。因此，整堂课的设计中，借助语势图进行有感情地朗读训练，及时补充资料助力深度学习和理解文本，引发哲思，推进情感抒发，逐步引领学生走向思维更深处。

二、教学目标

1. 能正确认读"泻、惶、履"等生字，会正确认读"鳞爪飞扬"和"干将发硎"等词语，能借助语势图，连贯而有气势地朗读课文，背诵课文。

2. 借助注释和练习题，了解景物描写的象征意义，理解"中国少年"和"少年中国"之间密不可分的关系。

3. 借助拓展资料，了解为实现强国梦而做出卓越贡献的人物故事，激发学生的爱国热情。

三、教学重点、难点

了解景物描写的象征意义，结合资料理解"中国少年"和"少年中国"之间密不可分的关系，激发学生的爱国热情。

四、课前准备

学生课前预习，查找相关资料，预做《课堂作业本》；教师制作课件。

五、教学过程

（一）关注学情，走进文本

1. 谈话导入，揭示课题。

同学们，一年之中有春天、夏天、秋天、冬天，一生之中有少年、青年、中年、老年，每当我们说到春天，说到少年的时候，心中总会充满力量，充满希望。有一句诗——少年意气与春争，少年是朝气蓬勃的，是意气风发的。120年前，近代思想家梁启超先生曾经洋洋洒洒写下一篇《少年中国说》。

　　"少年"和"少年中国"各指什么？

　　"少年"古称青年男子，是指十一二岁至十四五岁这一时期的孩子，相当于初中阶段的孩子。"少年中国"：梁启超在《少年中国说》散文中极力歌颂少年的朝气蓬勃，热切希望出现"少年中国"，振奋人民的精神。

　　补充资料：针对日本人称我中国为"老大帝国"，作者愤然回击，称中国为"少年中国"。

　　"说"是一种文体，可以叙事，可以议论，可以说明，在这篇文章中是议论。

　　2.通读课文，扫清障碍。

　　自由朗读课文，要求读正确、读通顺。想一想每一个自然段分别写的是什么？

　　（1）

　　干将发硎，有作其芒。

　　"干""将"都是多音字，你是怎么判断它的读音？

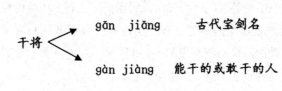

小结：遇到多音字，我们可以根据意思判断读音。

（2）

天戴其苍，地履其黄。纵有千古，横有八荒。

"郑人买履"的"履"是什么意思？（鞋子）

这里的"履"是什么意思？（踩、踏）

男女对读。

（3）交流每个自然段的内容。

第1自然段讲了强国富民的责任全在少年。

第2自然段描绘了少年中国的灿烂前程。

第3自然段表达了作者对少年中国的祝福以及对中国少年与国家共命运的呼喊。

【评析：本文是《少年中国说》的节选，此环节的设计，不仅让学生了解了"说"这种文体，而且引导学生通过理解意思把难读的句子读通读顺，为深度学习文本做好铺垫。】

（二）借助图示，读出节奏

同学们在读这篇课文时，有没有发现这篇文章读起来和其他文章不太一样？提出新的朗读要求：连贯而有气势。

1. 学习复沓。

读第1自然段，有什么发现？

在句子和句子之间更换少数的词语，形成一种回环往复的效果，它可以起到分清层次、加强节奏、加重情感、突出思想，让人印象深刻的效果。（板书：复沓）

2. 读懂图示。

（1）出示《课堂作业本》中预习的语势图，读一读小泡泡，并根据语势图朗读。

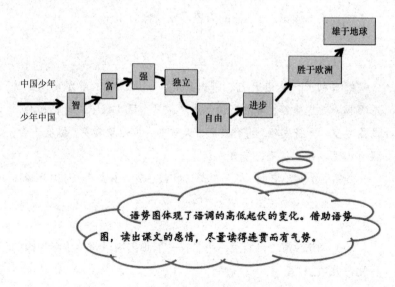

语势图体现了语调的高低起伏的变化。借助语势图，读出课文的感情，尽量读得连贯而有气势。

（2）观察发现：结合语势图，想一想"中国少年"和"少年中国"有什么关系？（板书：少年中国　中国少年　责任重大）

（3）师生合作，读出节奏。

小结：作者用上复沓的方法，使情感的表达更有气势，我们又借助语势图来朗读，不仅读出了气势，还读出了节奏。

【评析：语文学习的过程是思维感性化的过程，文章语言表达形式很明显，学生熟读便能感知，但是要具体说出是什么形式，需要老师做专业的引领。对于小学高段的学生来说，学习复沓的修辞方法，并借助语势图有感情地朗读课文，这样就把人文性和工具性进行了很自然的融合，可谓一举两得。】

3. 了解象征意。

（1）比较第1、2自然段，有什么相同点和不同点。

（2）读一读第2自然段的内容，反馈预习作业。

红日初升，其道大光。河出伏流，一泻汪洋。潜龙腾渊，鳞爪飞扬。乳虎啸谷，百兽震惶。鹰隼试翼，风尘吸张。奇花初胎，矞矞皇皇。干将发硎，有作其芒。天戴其苍，地履其黄。纵有千古，横有八荒。前途似海，来日方长。

美哉，我少年中国，与天不老！壮哉，我中国少年，与国无疆！

（3）读选文第1自然段，用"——"画出用以赞美少年中国的事物，并填空。

（4）读一读这些事物，想一想：在作者的眼里，少年中国就像什么？（板书：象征）

| 红日 | → | 黄河 | → | 潜龙 | → | 乳虎 | → | 鹰隼 | → | 奇花 | → | 干将 |

（5）同学们，世界上的事物有千千万万，作者为什么要选这7种事物来写呢？（板书：前途无量）

【评析：课文用哪些事物来赞美少年中国呢？这些事物又有何象征意义呢？本环节的设计密切地关注学生的已有认知，通过反馈学生的课前作业，让学生在读、画、填、议中了解文中要表达的象征意义，巧妙地突破了教学难点。】

（三）引发哲思，激发情感

1. 感悟少年中国之"美"和"壮"。

其实课文第3自然段用了两个字告诉我们作者选择这7种事物的理由，你能找到吗？（板书：美　壮）

指导朗读最后一段。

2. 出示漫画，了解历史背景。

（1）从这幅图，你获得了什么信息？

（2）教师补充说明。

在一百二十多年前，梁启超这样畅想中国时，1900年的中国是这样的情形：英、法、美等八个国家想瓜分中国，这幅漫画形象地展示了这种场景。当时的城市弥漫着硝烟，当时人们的生活处在水深火热中，许多人对国家的前途感到悲观，甚至绝望。在这个时候，梁启超拿起笔洋洋洒洒写下了《少年中国说》，鼓励国人要有信心振兴国家。

（3）配乐朗读全文。

3. 观看组图，展望未来。

可上九天揽月，可下五洋捉鳖。

——毛泽东《水调歌头·重上井冈山》

今天的中国，毛主席所展望的"可上九天揽月，可下五洋捉鳖"已经成为现实。

PPT播放反映祖国巨变的组图。

中国的发展就好像乘上了高铁，人民安居乐业，一张张幸福的笑脸构成了中国美丽的版图。在我们享受着幸福生活的时候，我们不能忘记一个个响亮的名字，他们是：孙中山、毛泽东、周恩来、邓小平、钱学森、邓稼先、华罗庚、袁隆平……正是一代代人的不懈努力，才让中国强大起来。所以梁启超先生说："故今日之责任，不在他人，而全在我少年。"

故今日之责任，不在他人，而全在我少年。

在他的《少年中国说》的原文里还有这样的呐喊：

吾心目中有一少年中国在！
制出将来之少年中国者，则中国少年之责任也。

【评析：本环节的学习，采用了大量的资料：欣赏漫画，了解过去，不忘屈辱；观看组图，增强民族自豪感，激发起学生的爱国热情，立志为建设祖国而奋斗，更深入地体会了作者表达的思想情感。】

（四）课后延伸，激发情感
1. 集体朗诵课文。
2. 学生查找资料，读一读为国家富强而奋斗的杰出人物的故事，和同学做一份手抄报。

【评析：从课内走向课外，从过去走向未来，通过朗诵和编写手抄报引导学生感受，国家的迅速发展，离不开杰出人物的突出贡献。让学生更多地关注杰出人物的爱国故事，增进对文章的理解，激发学生立志以国为荣、报效祖国的爱国热情。】

六、板书设计

13. 少年中国说

中国少年　　美！　少年中国
责任重大　　壮！　前途无量
（复沓）（象征）

【评析：此板书突出了"中国少年"与"少年中国"的密切关系，点明了文章的表现手法，表达了对少年中国和中国少年的赞美之情。主旨突出，学法明了，有助于学生对文章的整体把握。】

教学反思

《少年中国说（节选）》是统编版教材的五年级上册第四单元的课文。我以"结合查找的资料，体会课文表达的思想感情"这一单元的语文要素为目标导向，在设计教学环节的时候，充分考虑到孩子理解文本的需求，提炼语势图帮助学生进行连贯而有气势的朗读，及时补充资料助力学生深度学习，引发哲思，推进情感抒发，逐步引领学生走向思维更深处。

依照要素，体会情感

统编版语文教材采用了"人文主题"和"语文要素"双线组合的编写体系，这是语文教材编写的一大创新。语文要素是统编教材的骨架，是教师课堂教学的抓手，把握语文要素的编排价值，探讨语文要素的教学策略，才能用好统编版语文教材，提高学生的语文素养。本单元的语文要素是"结合查找的资料，体会课文表达的思想感情"，所以课前了解历史背景，课中补充相关资料，课后拓展中国发展，都可以触发学生的情感共鸣。

巧搭支架，发展思维

学生学习语文的过程是不断地积累的过程，是以某种方式内在地"组织"语言、内化语言的过程。《少年中国说（节选）》第一自然段的语言形式非常明显，作者运用了复沓的修辞手法表述，抒发少年在当今中国的重要性。对于这样一块学习内容，我们如何引领学生进行梳理、串联和整合？如何将松散的知识点勾连成有关系的知识块？所以我采用了语势图，可以帮助学生进行有关联地学习，连点成线，织线成网，开展结构化的语文学习，能够有效地帮助学生建立起整体性的认知系统。

引发哲思，习得方法

在阅读教学过程中，教师常常侧重于字、词、句的辨析，以品味作者遣词造句的精妙之处，很少针对文本所涉及的相关话题搜集整理相关资料、创设相应情境来进行辨析。教师寻找到发展学生思维的切入点，能够恰到好处地融入思维能力训练。抛出话题"世界上的事物有千千万万，作者为什么要选这7种事物来写呢？""少年中国和中国少年之间有什么联系？"引发哲思，进行思辨，通过不断地"推翻—建立"，学生多层次、多角度地进行辨析，深入浅出地探析文本，感受作者思维发展轨迹，从而提高学生思维品质。

语文学习的过程就是学生思维生长的过程，我们要有结构地教，有关联地学，不论教师还是学生，都要在深度学习的过程中追求深度理解，让思维的种子落地。

古人谈读书

一

敏^①而好^②学，不耻^③下问^④。

知之为知之，不知为不知，是知^⑤也。

默而识^⑥之，学而不厌^⑦，诲^⑧人不倦。

——《论语》

注释

①敏：勤勉。

②好：喜好。

③耻：以……为耻。

④下问：向比自己地位低或不如自己的人请教。

⑤知：同"智"，智慧。

⑥识：记住，这里读zhì。

⑦厌：满足。

⑧诲：教诲。

二

余尝谓^①：读书有三到，谓心到，眼到，口到。心不在此，则眼不看仔细，心眼既不专一，却只漫浪^②诵读，决不能记，记亦不能久也。三到之中，心到最急。心既到矣，眼口岂不到乎？

——[宋]朱熹

文言文教学新视角

WENYANWEN JIAOXUE XINSHIJIAO

注释

①谓：说。
②漫浪：随意。

三

　　盖士人①读书，第一要有志，第二要有识，第三要有恒②。有志则断不甘为下流③；有识则知学问无尽，不敢以一得自足，如河伯之观海，如井蛙之窥天，皆无识者也；有恒则断无不成之事。此三者缺一不可。

——[清]曾国藩

注释

①士人：泛指知识阶层。
②恒：恒心。
③下流：下等，劣等。

耻识矣岂

| 耻 | 诲 | 谓 | 诵 | 岂 | 恒 | 窥 | 皆 | 缺 |

统编版小学语文五年级上册第25课

巧借图表　比较阅读

——《古人谈读书》教学设计与评析

永康市教师进修学校附属小学　吕丽恒（设计）

金华市环城小学教育集团第二小学　姚晓芳（评析）

一、教材解读

《古人谈读书》这篇课文是五年级上册最后一个单元的第一篇精读课文。本文由三则文言文组成，撷取了中国古代孔子、朱熹、曾国藩三位大家的读书之论。《论语》在读书方面强调了要谦虚好问、踏踏实实、勤奋好学；朱熹则谈了读书有三到：心到、眼到、口到；曾国藩则强调了读书要做到三有：有志、有识、有恒。三则文言文紧扣单元主题，从不同角度论述了古人读书的方法，给人以启迪。

对于文言文的学习，五年级学生已经掌握了一些方法，结合本文的特点和这个单元的语文要素，在教学中，可以让学生运用已学过的方法来理解句意，同时梳理文中信息，把握内容要点。

二、教学目标

1. 正确、流利地朗读课文，注意读准多音字"识"。背诵课文。

2. 通过联系上下文、组词法、借助工具书、借助注释等方法理解课文大意，知晓"急""断"的古今异义现象。

3. 巧借图表梳理信息，用简要的语言概括古人的读书方法。

4. 能联系自己的读书体会，说说课文带来的启发。

三、教学重点、难点

巧借图表梳理信息，把握内容要点，体会古人读书的方法和态度，并对自己的学习方法和态度有所启发。

四、课前准备

学生预习课文，教师准备课件、设计图表。

五、教学过程

（一）导语引入，明确主题

1. 同学们，让我们一起翻开第八单元的单元导语。苏轼有云："旧书不厌百回读，熟读深思子自知。"你们知道他想告诉我们什么吗？是呀，读书就是要一遍一遍反复诵读，读熟了就会自然而然地明了其中的含义。这与"书读百遍，其义自见"是同一个道理。再让我们一起看第八单元的目录，《古人谈读书》《忆读书》《我的"长生果"》这三篇课文都围绕着同一个主题，那就是——读书。

2. 再看这一单元的语文阅读要素：

根据要求梳理信息，把握内容要点。

学习这三篇文章，我们要学会梳理信息，体会古人读书的方法和态度，并对自己有所启发。

3. 今天，我们就先来学习文言文《古人谈读书》。（板书课题，学生读题。）

【评析：学习从单元导语开始，明确主题，整体观照。让学生心中有目标，学习有方法，为接下来的学习做了铺垫，并形成一以贯之的整体感。】

（二）整体概览，准确朗读

1. 请同学们自由读文，注意读准字音，读通句子。

2. 朗读反馈，随机正音。

识，我们通常念"shí"，表示知识；在这句文言文中念"zhì"，文中注释是这样理解的：记住。

$$
识
\begin{cases}
\text{shí} \quad 常识、识别 \\
\\
\text{zhì} \quad 博闻强识、标识
\end{cases}
$$

这里还有一个字也念"zhì"，把"知"圈出来。这是一个通假字，咱们也可以借助注释理解：同"智"，智慧。

一个是多音字"识"，一个是通假字"知"，两个字虽然读音一样，但意思完全不同。

3. 教师范读，学生练习朗读。

4. 整体概览：这篇课文，跟我们以前学的文言文有什么不一

样?(这篇课文是由三则文言文组成的,讲了古人有关读书的言论,以前学习的文言文大多是故事。)

是呀,这三则文言文是依照时间顺序来编排的。第一则选自《论语》,是春秋时期的孔子对于学习的看法;第二则是来自宋代的朱熹,与孔子相距一千六百多年;第三则是清代的曾国藩所作,距离朱熹已近七百年。虽然年代不同,但是都强调了读书的重要性。

【评析:以前学习的文言文大多是故事型的,具有一定的情节,这一篇课文则撷取了古代三位大家的读书之论。字词学习聚焦重点、难点,通过教师的示范朗读,让学生感受文言文的节奏和韵味之美。通过整体概览知道编者编排意图,更有助于接下去的学习。】

(三)策略学习,读懂课文

1. 借助注释,自学第一则。

(1)这里选取了《论语》中的三句名言。请同学们结合注释,说一说这三句话的意思。

(2)交流反馈,相机点拨。

①敏而好学,不耻下问。

出示出处《论语·公冶长》第十五章:

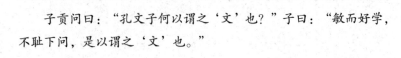

子贡问曰："孔文子何以谓之'文'也？"子曰："敏而好学，不耻下问，是以谓之'文'也。"

讨论："下问"指的是向哪些人问。

②知之为知之，不知为不知，是知也。

要点：圈出文中的"知"，前面四个"知"是知道的意思，后面一个"知"通"智"，表示智慧。

③默而识之，学而不厌，诲人不倦。

结合注释，用自己的话说说这句是什么意思。

想一想，生活中有没有"默而识之""学而不厌""诲人不倦"的人？根据情境选择词语填空：

徐老师不厌其烦地给同学们讲解作业，一次又一次，直到大家都掌握为止，真是一个（　　　）的好老师。

小兰同学每天除了学习课堂内容，还总是利用课余时间看课外书，学习其他知识，真是（　　　）。

（3）同桌互相说一说这三句话的意思，并尝试背诵。

【评析：这三句选自《论语》的名言，同学们平时都已耳熟能详，让他们用以往掌握的借助注释、连词成句的方法自学，在交流中自主理解句子的意思，这也是语用的训练点。】

2. 以读促讲，导学第二则。

（1）朱熹是一位大教育家，他发表了很多关于读书的真知灼见。请同学们反复读一读第二则文言文，想一想：你读懂了什么？有什么地方没读懂？

（2）交流反馈，要点指导。

①说说怎样的读叫"漫浪诵读"？

结合注释："漫浪"是随意的意思，"漫浪诵读"就是随意地诵读。再联系上下文，说说怎样读是随意诵读，随意诵读又会有怎样的后果？就是心思并不专一，有口无心地诵读，这样随随便便地诵读是记不住的，哪怕记住了也不能长久。

②理解"三到之中，心到最急。"

出示"急"在字典中的意思：

急 jí ①焦躁（焦—）：真~死人了｜着~。气恼，发怒：他一听就~了。②匆促：~~忙忙｜~就｜~于完成任务。迅速，又快又猛：水流得~｜~病。③迫切，要紧：~事｜不~之务｜~件。严重：情况紧~｜告~｜病~乱投医（喻临事慌乱）。④对大家的事或别人的困难赶快帮助：~公好义｜~难（nàn）。

读一读，想想"急"在这个句子中是什么意思？

小结：有些字词随着时间的更迭和生活的演变，字义也会慢慢发生改变。"急"在现在通常是"着急"的意思，在文言文中表示"要紧"。古今异义，是文言文中常见的一种现象。

③理解"心既到矣，眼口岂不到乎？"

这是一个反问句，你能不能也用文言文的方式把这个句子改成陈述句？（心既到矣，眼口皆到。/心既到矣，眼口必到。）

（3）理解了这则文言文的意思，请同学们再次诵读，注意根据意思做出停顿，读出节奏。

要点：心/不在此，则/眼/不看仔细，心眼/既不专一，却只/漫浪诵读，决/不能记，记/亦不能久也。

朗读指导：关注"也""矣""乎"等文言文中特有的语气词，适当拉长声音，读出古文的韵味。

（4）前面两则文言文的学习，我们主要用了哪些方法来理解？（借助注释；联系上下文；借助工具书；反复诵读……）

【评析：诵读、借助注释、查字典等都是学习文言文的重要方法。这则文言文的学习，教师向学生提供学习支架，引导学生能联系上下文，关注古今异义现象，关注特殊的反问句，循着"读、说、论、诵"的学习主线，在诵读与交流中理解文意，体会文言文特有的节奏和韵味。】

3.学法迁移，放学第三则。

（1）简介"曾国藩"：曾国藩，清朝军事家、理学家、政治家、书法家、文学家，他是中国历史上颇具影响力的人物之一。他的人生，他的智慧，他的思想，深深影响了几代中国人。曾国藩一生著述颇多，但以《家书》流传最广，影响最大。第三则文言文正是选自《家书》。

（2）以四人小组为单位，根据第一、第二则的学习方法自学第三则。

自学要求：

1. 朗读课文，想一想怎样做出合理停顿。对朗读停顿不一致的地方进行讨论；

2. 讨论：我读懂了什么，哪个句子是最难理解的？借助第一、二则的文言文学习方法尝试自己解决。

（3）以四人小组为单位交流展示，随机点拨。

有志则断不甘为下流；有识则知学问无尽，不敢以一得自足，如河伯之观海，如井蛙之窥天，皆无识者也；有恒者则断无不成之事。

①演一演"河伯观海""井底窥天"的故事。

②猜测"断"的意思，再查字典、联系上下文印证。

③借助提示，读出节奏。

有志/则/断不甘/为下流；有识/则知/学问无尽，不敢/以一得自足，如/河伯之观海，如/井蛙之窥天，皆/无识者也；有恒者/则/断无/不成之事。

【评析：学生是学习活动的主体，在学习了前面两则文言文之后，小结出学习方法，并进行学法迁移，引导学生进行自主、合作、

探究。这样的学习过程使学生有更自由、更广阔的空间，有助于提升学生的自主学习能力。】

（四）巧借表格，提取信息

1. 出示表格，引导学生提取信息。

这三则文言文分别告诉了我们哪些读书的方法、态度呢？根据关键语句，借助表格梳理出读书方法和读书态度。

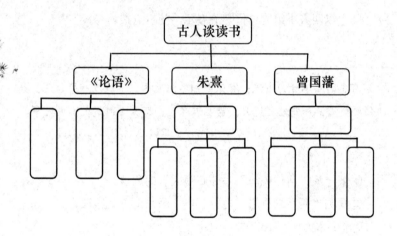

2. 汇报交流，完成表格。

（1）第一则的要点：圈出关键词语，"不耻下问"是一种谦虚的态度；"知之为知之，不知为不知"是一种诚实的态度；"不厌""不倦"是一种勤奋的态度。

（2）第二则、第三则的要点：这两则文言文作者都是采用了先总起后分述的方法来阐述，所以我们只要抓住总起句，就能很快提炼出作者表达的观点、态度。

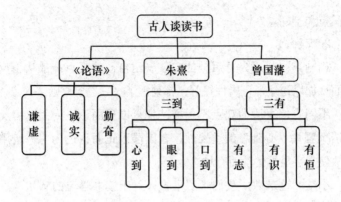

3. 联系自我，畅谈感受。

（1）PPT出示课后题3。

联系自己的读书体会，说说课文中的哪些内容对你有启发。

（2）讨论交流，畅所欲言。

【评析：语文学习指向学生的终身发展和综合素养的提升。梳理信息，把握内容要点是这个单元的语文要素。借助图表，提取关键信息来梳理是一种非常有效的方法。图表的构建相当于一张思维导图，使学生的思维品质得到提升。提炼出要点之后联系生活，在交流中引导学生明确读书的目标，获得持续学习的动力，端正学习态度，这样的学习是指向生活的。】

（五）比较阅读，学习小结

1. 比较阅读。

默读第二则和第三则，想一想这两则文言文在表达上有哪些相同点和不同点？

2.交流。

相同点：都用先总后分的方法表达自己的观点；都从正反两方面来加以论述，逻辑性很强；都列举了"三"条原则。

不同点：表达的观点不一样；朱熹以反面论述为主，用反问的语气强调"心到"的重要性，曾国藩以正面论述为主，运用了典故使文字显得生动而有趣。

小结：这节课，我们学习了古人对于读书学习的感悟、态度和方法，借助图表梳理了课文内容，还联系自己的学习生活谈了古人的观点对我们的启发。用今天学到的宝贵经验来指导今后的读书实践，相信同学们的学业都会日益精进的。

【评析：运用比较阅读来体会作者的表达方法，这是一种创新的尝试，也是有意义的尝试。这样的学习能避免学习活动从语言表层滑过，旨在引发深层阅读，让学生获得表达、效果等方面的深刻体悟。】

六、板书设计

24　古人谈读书

谦虚	心到	有志	借助注释
诚实	眼到	有时	联系上下文
勤奋	口到	有恒	借助工具书
	心到最急	缺一不可	借助图表
			……

【评析：此板书一是三则文言文观点的呈现，提炼出了课文内

容要点，学生可以根据板书梳理文章内容，进行背诵练习；二是文言文学习方法的小结，根据教学过程，学习方法逐一展开，使学生学有所获，学有所用。】

教学反思

《古人谈读书》这篇课文是五年级上册"读书明智"这个单元的第一篇精读课文，文中的古人分别是春秋时期的孔子、宋代的朱熹和清代的曾国藩。五年级的学生已经学习了不少文言文，掌握了一些学习文言文的方法，然而，这篇课文跟以往学习的故事性文言文不同，文中阐述的是古人的态度、方法和观点。因此，本课教学设计中除了让学生用以往所学的方法来理解文言文外，我更注重引导学生梳理和把握内容要点，训练学生的思维能力。

图表助力，形成思维导图

一篇课文三则文言文，这三则文言文都表达了不同古人的不同的读书态度和方法。怎样梳理清文章的观点，我设计了一张图表，随着教学的推进，图表层层铺开。

课伊始，让学生通过概览三则文言文，知道这三则分别来自谁的观点。此为图表的第一层次。在理解了三则文言文之后，引导学生从文中提取信息，知道古人关于读书的态度、方法、观点，并完善图表的第二层次。当然，提取要点有不同的方法，第一则文言文可以根据关键词去概括，第二则、第三则文言文根据先总后分的结构，抓住总起句就能很快提炼要点。

这样的图表相当于是一幅思维导图，引导学生构建逻辑性、概括性思维。

对比阅读，引发深层思维

如果说图表的构建能够加强学生思维的逻辑性，那么比较阅读则能促进学生思维的深刻性，使阅读不仅仅停留在理解层面，而向更深层的阅读探索。

在学生充分理解文言文、清楚古人观点的基础上，我引导学生比较第二则和第三则文言文有哪些异同。通过比较，学生发现这两则文言文都是先总起后分述的结构，一开始就亮明观点，再围绕观点一一阐述，这样的表达方式使观点更明确。还有，这两位古人对读书的看法都有"三"条原则，朱熹的"三到"与曾国藩的"三有"，说明了"三"这个数字在古人眼中非常重要，能够包罗万象。除此之外，朱熹和曾国藩都围绕第一句，从正反两个方面进行阐述。

当然，作为教育家的朱熹和作为政治家的曾国藩，在阐述观点的时候又有所不同。朱熹侧重于从反面进行论述，"不在""不看""不专一""不能记""不能久也"，5个"不"强调了"三到"的重要性。曾国藩侧重于正面论述，举例时运用了典故"河伯观海""井蛙窥天"，使之显得生动而有趣。

通过比较，学生不仅了解了文言文的内容，在表达的方法、表达的效果两方面也有了一定的体会。这样的深度阅读，有益于发展学生的思维。

所谓"熟读深思子自知"，这堂课，我通过图表助力，对比阅读，发展了学生的思维能力，提高了学生的思维品质。

自相矛盾①

楚人有鬻②盾与矛者，誉之曰："吾盾之坚，物莫能陷③也。"又誉其矛曰："吾矛之利，于物无不陷也。"或④曰："以子之矛陷子之盾，何如？"其人弗能应也。夫⑤不可陷之盾与无不陷之矛，不可同世而立。

注释

①本文选自《韩非子·难一》。
②鬻：卖。
③陷：刺破。
④或：有的人。
⑤夫：放在句首，表示将发议论。

吾　弗　夫

矛　盾　誉　吾

授之以渔　习得一法

——《自相矛盾》教学设计与评析

金华市东苑小学　于旭蓉（设计）

金华市东苑小学　谢旭琴（评析）

一、教材解读

《自相矛盾》是统编版小学语文教材五年级下册第15课，选自《韩非子·难一》，是一则寓言故事。这篇文言文共5句，讲述了一个既卖盾又卖矛的人说话前后抵牾而被人质问，结果无法自圆其说的事。让人啼笑皆非的同时，也给了我们深刻的启示：告诉我们在说话、做事的时候，要前后相应，不要自相矛盾。

作为一则寓言故事，我们要引导孩子运用已掌握的方法读懂课文，学习用联系上下文猜测字义的方法来理解故事内容，感悟其中的道理，并用自己的话讲讲这个故事。在这个过程中，既让学生感知了文言文的语言特色，又提高了学生学习文言文的能力。

二、教学目标

1. 正确认读"吾、弗、夫"3个生字，正确、流利地朗读课文，背诵课文。

2.用联系上下文猜测字义的方法理解重点词语的意思，并能用自己的话讲讲这个故事。

3．理解课文内容，感悟寓言揭示的道理。

三、教学重点、难点

用联系上下文猜测字义的方法理解重点词语的意思，并能用自己的话讲讲这个故事，感悟寓言揭示的道理。

四、课前准备

学生预习课文、教师准备课件。

五、教学过程

（一）字源识字，引出课题

1．出示图片，认识矛和盾。

（1）同学们，老师给大家带来了两张图片，请看大屏幕，你认识图中的这两样东西吗？（矛和盾）

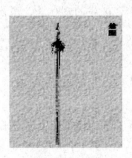

（2）它们是干什么用的呢？

（矛：古代一种兵器。长形，尖头，安上木质的长柄，作战时用于直刺。盾：盾牌，古代作战时防护身体，挡御刀剑等的兵器。）

2. 指导书写，写好"矛"和"盾"。

 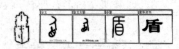

（1）古人根据它们的外形特点创造了这两个符号，这就是甲骨文的"矛"和"盾"，慢慢地演变成了现在的"矛"和"盾"，我们来看这两个字书写时要注意什么。

矛："矛"字的最后一撇就像矛上的红缨。（用红笔标红"撇"）

盾：半包围结构，第一笔是撇，不要写成横。

（2）请认真地书写这两个字，每个写三遍。

3. 了解出处，揭示课题。

战国时期，有个叫韩非子的人，他的著作被人收集在《韩非子》一书中，在这本书中记载了一个有关矛和盾的寓言故事。（板书课题，学生读题。）

【评析：通过字源识字，学生了解了"矛""盾"这两个字从图画式的甲骨文到线条式的金文、小篆、隶书的演变过程，让学生感受古人创造汉字的智慧，体会汉字的形体美，激发对祖国文字的热爱，同时巧妙地引出课题。】

（二）读通课文，读出停顿

1. 读通课文。

（1）文言文的学习"读"是关键，请你借助注音试着把课文读正确，读通顺。（自由读）

指名读。（重点关注课文中两组同音字的读音。）

（2）出示两组同音字。读一读这两组字，你发现有什么共同

特点了吗？（这是两组同音字）

鬻　誉　yù
弗　夫　fú

（3）"夫"字除此之外还有哪种读音？为什么这里要读第二声呢？（看注释）

"夫"读 fú：放在句首，表示将发表议论。我们上个学期学过的诸葛亮所说的这句话中的"夫"也是这个意思。

夫君子之行，静以修身，俭以养德。非淡泊无以明志，非宁静无以致远。

——诸葛亮

"夫"读第一声一般表示成年男子。比如：一夫当关，万夫莫开。

（4）全班齐读课文。

2. 正确停顿，读出节奏。

（1）听范读，标出停顿符号。

自相矛盾

楚人 / 有 / 鬻 / 盾与矛者，誉之 / 曰："吾盾之坚，物 / 莫能陷也。"又誉其矛 / 曰："吾矛之利，于物 / 无不陷也。"或曰："以子之矛／陷子之盾，何如？”其人／弗能应也。夫／不可陷之盾／与／无不陷之矛，不可／同世而立。

（2）老师的朗读和同学们的朗读有什么不一样的？请你试着读一读，注意正确停顿。

【评析：读是语文教学的根，文言文的学习更是如此。本环节通过重点抓住两组同音字，读通课文，师生对比读，读出节奏，并由此培养学生的文言语感，为理解课文打下扎实的基础。】

（三）授之以渔，读懂句子

1. 回顾学法。

（1）通过之前的学习，你掌握了哪几种学习文言文的方法？

（板书：参照注释、借助插图、查工具书……）

（2）那我们先来看看注释。从注释中，你获取了什么信息？

注释①告诉我们《自相矛盾》这则文言文选自《韩非子·难一》。

你对韩非子有哪些了解？（引出《词语手册》中"博学广闻"中的介绍，学生默读。）

博学广闻

韩非与《韩非子》

韩非（约前280—前233），又称韩非子，战国末期哲学家，法家代表人物。出身韩国贵族。曾建议韩王变法图强，未被采用，便退而著书。他的书传到秦国，受到秦王的赏识。后因秦国攻韩，韩王不得不起用韩非，并派他出使秦国。不久因李斯等人诬害，死于秦国狱中。

2. 运用方法，理解课文。

学会看注释，你就掌握了学习文言文的第一把金钥匙，接下来，让我们带着这把钥匙打开《自相矛盾》这则寓言的大门。文中的句子你理解正确了吗？

（1）PPT出示第一句：

楚人有鬻盾与矛者，誉之曰："吾盾之坚，物莫能陷也。"

①借助注释，你能读懂哪几个字的意思？（鬻：卖；陷：刺破）

②我们来看看这个字（PPT标红"誉"字），你能不能联系上下文，猜一猜"誉"字是什么意思？（"誉"有赞誉之意，在这里是称赞、夸耀的意思）

③现在，你就是那个卖盾的人，你来夸一夸你的盾。

④谁能说说整句的意思？（楚国有个卖盾和矛的人，他夸耀自己的盾说："我的盾坚固无比，没有什么东西能够刺破它。"）

⑤带着你的理解一起来读一读这个句子。

小结：理解字词的意思，我们不仅可以看课文注释，也可以联系上下文猜测字义，读懂句子。

（2）PPT出示第二句：

又誉其矛曰："吾矛之利，于物无不陷也。"

①读懂了第一句，我们就能读懂第二句，谁来说说这句话的意思？（又夸耀自己的矛说："我的矛锋利极了，任何坚固的东西都穿得透。"）

②原来古人夸耀自己的物品是这样说的：

我的盾很坚固，誉之曰——吾盾之坚，物莫能陷也。

我的矛很锋利，誉之曰——吾矛之利，于物无不陷也。

我的衣服很暖和，誉之曰——吾衣之暖，物莫能及也。

我的花很美丽，誉之曰——吾花之美，于人无不赞也。

（3）PPT出示第三、四句：

....

或曰："以子之矛陷子之盾，何如？"其人弗能应也。

....

①课文第三、四句是具体对应插图内容的，谁能借助注释和插图试着说一说这句话的意思。（有人问他："如果用你的矛刺你的盾，结果会怎么样呢？"这个人不知道该如何回答。）

②从他的话中你听出了什么？（质疑、嘲讽、疑惑……）

带着这样的感觉来读一读：

假如你是一个孩子，你会说：叔叔——（学生接读）"以子之矛陷子之盾，何如？"

假如你是一个中年人，你会说：兄弟——（学生接读）"以子之矛陷子之盾，何如？"

假如你是一个老人，你会说：年轻人——（学生接读）"以子之矛，陷子之盾，何如？"

③以子之矛，陷子之盾，会有怎样的结果呢？（盾坚——莫能陷；矛利——无不陷）

此时，我们发现楚人的话有什么问题？（说话前后互相抵牾，自相矛盾。）

所以，面对众人的质疑，其人——弗能应也。

④合作朗读第三、四句。

（4）PPT出示第五句：

夫不可陷之盾与无不陷之矛，不可同世而立。

---

①同桌交流句子意思。

指名反馈。（什么都不能刺穿的盾与什么都能刺穿的矛，不可能同时存在于这个世界上。）

②带着理解读一读这句话。

（5）《自相矛盾》的故事流传至今，你能用自己的话来讲讲这个故事吗？

小结：我们运用多种方法，不知不觉地读懂了全文，让我们再来读一读这个故事。

【评析：授之以鱼，不如授之以渔。此环节引导学生通过借助注释、查工具书、联系上下文猜想推测等方法梳通文意，引导学生在具体语境中理解重点字词和语句，整合了学生的经验，在新旧知识之间建立相关联系，把"言"融入具体的"文"中，在"言"的基础上理解"文"，做到"文""言"兼顾。】

（四）读懂寓言，领悟道理

1. 领悟道理。

读了这个故事，你明白了什么道理呢？（说话做事要前后相应，不要自相矛盾。)

2.联系生活，相互交流。

（1）有一个广告是这样说的，这句话矛盾在何处呢？你会怎么修改这句广告词？

今年过年不收礼，收礼只收脑白金。

（2）生活中遇见过这样的事例吗？请你说一说。

小结：今天我们读懂了文言文《自相矛盾》的意思，并领悟了道理，希望同学们今后说话、做事不要像这位楚国人一样自相矛盾。

【评析：在寓意理解的过程中，适当拓展说说生活中的同类事例，让学生联系生活实际，加深对寓意的感悟，在生活中不要犯类似的错误。】

（五）布置作业，拓展阅读

1.背诵寓言故事。

2.用这节课学习的方法自学一则文言文《三人成虎》。

三人成虎

[西汉]刘向

庞恭与太子质于邯郸，谓魏王曰："今一人言市有虎，王信之乎？"王曰："否。""二人言市有虎，王信之乎？"王曰："寡人疑之矣。""三人言市有虎，王信之乎？"王曰："寡人信之矣。"

庞恭曰：“夫市之无虎明矣，然而三人言而成虎。今邯郸去大梁也远于市，而议臣者过于三人矣。愿王察之矣。”王曰：“寡人自为知。”于是辞行，而谗言先至。后太子罢质，果不得见。（注：“庞恭”一作“庞葱”）

【注释】

庞恭：魏国大臣。

质：人质，这里用作动词，指作人质。谓将人作为抵押品，这是战国时代国与国之间的外交惯例。

邯郸：赵国的都城，在今河北省邯郸市西南十里。

市：集市。之：代词，这里指“市有虎”这件事。

信：相信。

夫：语气词，用于句首，表示下文要发表议论，现代汉语没有与此相应的词语。

明：明白，清楚。然：可是。去：距离。议臣者：议论我的人。

议：议论。这里是非议，说人坏话。

臣：庞恭（葱）自称。者：……的人。

愿：希望。察：观察，仔细看，明察。

得：能够（得到）。见：拜见、谒见。这里指召见。

【评析：丰富语言积累是学习语文的基础，文言文是语言积累极好的材料，让学生背诵有利于丰富语言，培养语感。推荐阅读，将课内阅读引向课外阅读，使习得的方法在课外阅读中加以内化提升。**】**

六、板书设计

```
        自  相  矛  盾

    盾              矛

    坚              利

莫能陷          无不陷
```

参照注释

借助插图

查工具书

联系上下文猜测字义

【评析：主板书根据课文内容提炼出关键词，非常简练地呈现出寓言的脉络，更巧妙的是抓住了《自相矛盾》这个寓言故事的矛盾点"莫能陷""无不陷"，更有效地帮助学生了解人物的思维过程，加深对课文内容的理解，读懂寓言中蕴含的道理。副板书呈现的是学习文言文的方法，既是对以往学习方法的回顾，又呈现了新的学习方法。】

 教学反思

文言文是中国几千年文化中一种独特的语言表达形式，是古代文明传承的媒介，选入小学语文课本中的文言文更是其中的精髓。统编小学语文教材中一共安排了14篇文言文，怎样让学生喜欢文言文呢？我在《自相矛盾》这一课的教学中做了一些尝试，有了一点粗浅的认识。

朗读，感受语言特色

苏东坡说："古书不厌百回读，熟读深思子自知。"文言文重在朗读，却也不能反复机械地读。每一遍的朗读都应让学生带着不同的目的和要求、有侧重地去朗读和体会文本，使学生更好地得其要旨、知其意味，领略其语言之美。

首先，读正确。五年级的孩子应放手让他们自己体验，获得初步的感悟。《自相矛盾》中"鬻"和"誉"、"弗"和"夫"是两组同音字，因此，可以借助同音字对比的形式把生字读正确，把文章读通顺，为学文奠定基础。

其次，读出节奏。通过范读，让学生自己去听，去感受，有了正确的示范，再比较自己的朗读，不仅能做到正确停顿，更能在不断的练读中，读出文言文的韵味。

最后，读出情感。紧紧抓住"或曰：'以子之矛攻子之盾，何如？'"这一句话引发学生思考，辨析人物心理，体验不同人物对文中事件的不同情绪，读出情感。

授"渔"，提升理解能力

本节课除了运用借助注释、插图、工具书等方法理解课文，还要教给学生一个新的方法——联系上下文猜测字义。

教学《自相矛盾》时，对于"誉"这个字的理解，我就是采用联系上下文猜测的方法。

"楚人有鬻盾与矛者，誉之曰：'吾盾之坚，物莫能陷也。'"这个句子中"鬻""陷"可以借助注释理解，也就明白了句子的大概意思，然后联系上下文猜测出楚人说话时的语气，就知晓"誉"有夸耀、夸赞之意。

"授之以鱼，不如授之以渔。"习得文言文学习的方法，促使学生更乐于学习文言文，然后运用所学的方法阅读《三人成虎》，触类旁通，提升能力。

拓展，深化寓意理解

　　《自相矛盾》作为一则寓言故事，了解寓意、领悟道理，是一个非常重要的教学目标。教学中，在理解课文大意的基础上，创设情境，让学生做一个围观者，假设不同人物的立场来评价，站在孩子、中年人以及老人的角度，感受人物的心理，引导学生去思考分析楚人语言中的矛盾点——"莫能陷""无不陷"。接着，抓住"其人弗能应也"追溯原因，找到楚人夸耀自己的"盾"和"矛"的前后抵牾，从而领悟道理：说话做事要前后相应，不要自相矛盾。在此基础上，联系生活，通过发现广告词中自相矛盾的地方，加深了对寓意的理解。

　　《自相矛盾》教学中，我就是这样引领学生走进文本，习得方法，收获启示，提升学生的语文素养！

杨氏之子①

　　梁国杨氏子九岁，甚聪惠②。孔君平诣③其父，父不在，乃④呼儿出。为设果，果有杨梅。孔指以示⑤儿曰："此是君家果。"儿应声答曰："未闻孔雀是夫子⑥家禽。"

注释

①本文选自《世说新语·言语》。
②惠：同"慧"。
③诣：拜访。
④乃：就，于是。
⑤示：给……看。
⑥夫子：古时对男子的敬称，这里指孔君平。

诣　禽

梁　诣　禽

统编版小学语文五年级下册第21课

提领而顿　百毛皆顺
——《杨氏之子》教学设计与评析

金华市环城小学教育集团第二小学　姚晓芳（设计）
金华市婺城区教研室　滕宝明（评析）

一、教材解读

《杨氏之子》选自《世说新语·言语》，在原人教版小学语文教材中是小学阶段学生接触的第一篇文言文。现行统编版小学语文教材，在《杨氏之子》之前，安排了《司马光》等九篇文言文。《杨氏之子》讲述了梁国一户杨姓人家中的九岁男孩与客人孔君平机智对谈的经过，勾勒出一个机敏善对的聪慧男孩的形象。

课文不足百字，行文简要精当，语言幽默，颇有趣味。根据这一单元的语文要素，希望通过本课学习，让学生理解文言文的意思，感受故事中人物语言的风趣机智，体会语言表达的艺术。

在引领学生走进这个千百年流传下来的经典故事时，应该多读少讲，着力引导学生从人物对话的内容、语气、反应等几方面有层次地感受杨氏子的"甚聪惠"——思维之敏捷、语言之幽默、待人之有礼。

二、教学目标

1. 认识"诣、禽"2个生字，会写"梁、诣、禽"3个生字。正确流利地朗读课文，读好句子中的停顿，背诵课文。

2. 利用多种方法理解语句，了解课文内容。

3. 通过研读对话等重点词句，体会杨氏子语言的机智巧妙风趣，感受"甚聪惠"。

三、教学重点、难点

通过研读孔君平和杨氏子的对话等重点词句，体会杨氏子语言的机智巧妙风趣，感受杨氏子的聪慧。

四、课前准备

学生预习课文、教师准备课件。

五、教学过程

（一）以姓会友，巧妙揭题

1. 谈话引入。

老师姓姚（板书：姚），一讲到姚，你就会想到谁？（姚明……）因为我们都姓姚，所以我们都可以称为姚氏（板书：氏），姚明是我们姚氏家族的骄傲。我是姚氏之子，我儿子也姓姚，那他也是姚氏之子。

请问你姓——（指一个男同学问）（预设王）那你就是——王氏之子。

请问你姓——（指一个女同学问）（预设邵）那你就是——
邵氏之女。

2. 揭题释题。

今天我们来认识一个男孩。（板书：杨氏之子）"杨氏之子"
是什么意思？（姓杨的人家的儿子）"之"在这里解释为"的"。

【评析：以熟悉的姓氏展开话题，看似拉家常，实则暗含智慧。
既能一下子拉近学生和老师的距离，增加亲切感，又顺理成章地
引出课题，巧妙地解释了课题《杨氏之子》的意思。同时为体会
杨氏之子语言的机智巧妙这一重难点埋下伏笔。】

（二）句意停顿，读通课文

1. 读准字音。

《杨氏之子》是一篇文言文，之前我们也接触过几篇文言文，
它和我们现代文有着明显的区别，这一点我想大家已经有了很深的
感受。想读好文言文可不太容易啊！请你们先自由地读一读课文。

初读要求：

读准字音，读通课文。

课文讲了谁与谁的故事？

交流正音，重点关注"诣、应、为"的读音。

课文讲了杨氏子和孔君平之间的故事。

齐读课文。

2. 读出节奏。

教师范读（"家"和"禽"之间停顿较长时间），追问：老师读的跟刚才同学们读的有什么不同？重点关注以下长句子的停顿。

孔/指以示儿/曰："此/是/君家果。"儿/应声答曰："未闻/孔雀/是/夫子家/禽。"

现在"家禽"和古时候"家禽"的意思不一样。现在"家禽"就是指人类为了经济或其他目的而驯养的鸟类，如鸡、鸭、鹅等。古时候，"家""禽"是两个独立的词，"禽"指的是鸟类。根据这个意思，"家禽"两字之间要停顿。

家禽 jiāqín

名

人类为了经济或其他目的而驯养的鸟类，如 鸡、鸭、鹅等。

——《现代汉语词典》第7版

3. 读出韵味。

清楚了停顿，现在谁愿意有滋有味地来读一读这篇课文？

指名读；男女生读；齐读。

【评析：学习文言文，必须在朗读上有时和量的保证。教师非常舍得在读上花时间。这个读，是有侧重的，不面面俱到。重点在"夫子家禽"这一疑惑处进行点拨，其他句子则放手让学生自读。

同时朗读指导既有老师抑扬顿挫的吟诵做示范，又有现代和古代的意思做比较，读通课文也就水到渠成了。】

（三）授之以渔，读懂文意

1. 回顾学法。

真了不起，读了几遍，同学们就能把这篇文言文读得这么好，这么流畅。回想一下，像这样的文言文我们可以通过什么方法来读懂它？

☆借助注释、插图
☆用字组词
☆查工具书
……

2. 自读课文。

请你试着用这些方法读一读课文，看看你读懂了哪个字，哪个词或者哪一句话？有什么不懂的地方，在旁边做个记号，等一会儿我们来交流。

3. 交流反馈。

你读懂了吗？会说每句话的意思了吗？（简单交流）到底有没有真读懂，在接下来的这个环节就见分晓了。

【评析：这个环节学生一定是安静的，但可以想象这样的静对学生来说一定是大有收获的。老师做的虽然只是引导学生回顾读懂文言文的方法，剩下的时间交给学生自读自悟，但看似简单的

放手，实则藏着老师以生为本的教育理念：相信孩子，信任孩子，让课堂真正成为孩子思考拔节的地方。】

（四）巧品语言，领悟聪慧

1. 读出"甚聪惠"。

读了课文，杨氏子给你留下了什么印象？（聪明、聪慧）用文中的话来说就是——甚聪惠。（板书：甚聪惠）意思就是很聪明。

那非常好学就是——甚好学；

非常潇洒就是——甚潇洒；

非常聪明就是——甚聪明。

2. 读好"甚聪惠"。

文章中哪句话直接描写了杨氏子"甚聪惠"？

梁国杨氏子九岁，甚聪惠。

指名读。

一个"甚"字把杨氏子的聪慧表现得淋漓尽致，谁再来读一读？（注意突出"甚"字。）

3. 读懂"甚聪惠"。

聪和惠都表示聪明、有才智，让我们聚焦"聪"字，请你观察"聪"字是由哪些部件组成的呢？

这些部件让你想到了什么呢？（耳、眼、口、心）是呀！耳到，眼到，口到，心到，谓之聪。正像古人所说的：

听曰聪，聪者，能闻事而审其意也。

——《春秋繁露·五行五事》

怎么听，是一种智慧！

杨氏子的"甚聪惠"可以从文章的哪些地方感受到呢？请你默读课文，想一想，并找一找，找到以后与同桌交流一下。

（1）关注对话，感受语言之风趣。

孔指以示儿曰："此是君家果。"儿应声答曰："未闻孔雀是夫子家禽。"

①品味巧答之"聪惠"。

你从哪儿读出了杨氏子的聪慧、风趣？（未闻孔雀是夫子家禽。）

他这样回答聪慧在何处？（他听出了孔君平的言下之意。）

那么，孔君平的言下之意是什么呢？

"此是君家果"，"此"指什么？（杨梅）"君家"指的是谁家？（杨家）杨梅怎么就是杨家果了呢？（抓住"杨"字）

教师引读：孔君平早就听说杨氏子聪明了，他就是想找个机会考考他。看到杨梅，自然联想到了杨家和杨梅的联系，风趣地说——此是君家果。杨氏子也用姓氏做文章，联想到了孔君平和孔雀的关系，答曰——未闻孔雀是夫子家禽。杨氏子果然是——甚聪惠。

分角色读对话。

②感悟"未闻"之妙处。

刚才大家读了孔君平和杨氏子的对话，有没有发现孔君平说的和杨氏子说的有什么不一样？（未闻）未闻是什么意思？（没有听说）杨氏子为什么要加上"未闻"二字呢？他这样的回答聪慧在何处呢？（孔君平是客人，也是长辈，杨氏子自然知道他是在开玩笑，所以这样委婉地回应，可以避免孔君平的难堪。杨氏子否认了孔雀是孔君平家的鸟，其实也就是否认了杨梅是杨家的果。）

教师结语：同学们，如果一个人在这种情况下善倾听，会说话，而且把话说得这么风趣机智，这就是"甚聪惠"的表现。

师生合作分角色对话，感受"未闻"这个词的委婉语气。

③拓展训练，完成填空。

- -

孔指以示儿曰："此是君家果。"儿应声答曰："未闻孔雀是夫子家禽。"

毛指以示儿曰："此是君家果。"儿应声答曰："＿＿＿＿＿。"

＿＿＿指以示儿曰："此是君家果。"儿应声答曰："＿＿＿＿＿。"

- -

（2）聚焦反应，感受思维之敏捷。

你还能从对话的什么地方感受到杨氏子的聪明？（应声答曰）

这么妙的语言，杨氏子居然是脱口而出。

朗读训练：老师当孔君平，全班同学都来当杨氏子，分角色读一读（注意应答的速度）。

（3）抓住细节，感受待人之有礼。

同学们，你们还可以从课文的哪些细节中感受到杨氏子的"甚聪惠"？

预设一：为设果，果有杨梅。

谁为谁设果？（杨氏子为孔君平设果）非常懂礼貌，懂待客之道。当家人不在时，作为一个九岁的孩子，能给客人端茶送果，甚是聪慧。

预设二：夫子

这夫子指的是谁啊？（孔君平）为什么叫他夫子？（尊称，有文化的成年男性才可以称为夫子。）比如古代孔子，知识渊博，大家都叫他——孔夫子。九岁的孩子能懂得尊敬地称呼人家，很会说话，的确——甚聪慧。

老师结语：同学们，学了课文以后，我想不论是孔君平还是在座的各位同学，心里肯定会更加佩服梁国九岁的杨氏子，让我们再读——

梁国杨氏子九岁，甚聪惠。

【评析：此环节，不仅能品出杨氏子语言之妙，也能感受到教师设计之妙。妙处有三：其一，牵一发而动全身。教师紧扣"聪惠"二字生发，学生通过品读杨氏子的对话、行为，都能感受到他"甚聪惠"的形象。其二，情境对话话外有话。不管是"甚"字的拓展，还是感悟"未闻"的说话训练，每一次师生理答，既是一次语言的共赏，又是一次言语的延展。其三，引经据典形象丰。杨氏子"甚聪惠"的形象，学生一般都能读出来，但教师又宕开一笔，抓住"聪"字做文章，使杨氏子善倾听、巧应答、懂礼貌的"聪惠"形象更加立体丰满。】

（五）熟读成诵，丰富积累

1. 配乐朗读。

同学们，理解了课文的意思后再来读，肯定能读得更有味道。谁来读一读？（指名读，齐读）

2. 背诵积累。

指名试背，齐背。

【评析：在学生读通课文、读懂文意，了解了人物的形象以后，再指导背诵，既内化了语言，又丰富了积累。】

（六）以一生三，拓展延读

1. 介绍《世说新语》。

刚才我们通过《杨氏之子》的学习，不仅感受到了杨氏子的"甚聪惠"，更让我们领略到了课文风趣的语言。这个故事选自《世说新语》。

《世说新语》——相传为南北朝时期（公元420年—公元589年）刘义庆所著。记述后汉至南朝人物的遗闻轶事的杂史，主要为有关人物评论、清谈玄言和机智应对的故事。

2. 拓展延读。

今天老师给大家带来了《世说新语》中的另一个故事。请你快速读一读。（学生读）

徐孺子^①年九岁，尝^②月下戏^③，人语^④之曰："若^⑤令月中无物，当极^⑥明邪？"徐曰："不然。譬如人眼中有瞳子，无此必不明。"

注释：

①孺子：即徐稚。②尝：曾。③戏：玩耍。

④语：对……说。⑤若：如果。⑥极：更加。

你读出了一个怎样的徐孺子？请运用文中的句子说明理由。

3. 《世说新语》中还有许多这样充满了智慧的小故事，如果你感兴趣的话，不如课后再去找来看看，相信你一定会有更大的收获。

【**评析**：老子有云：一生二，二生三，三生万物。教师深谙此道，拓展不是简单地推荐书目，而是研读徐孺子的智慧故事，感受其魅力。接着，顺势引导，阅读《世说新语》这一经典书目的兴趣就真正被激发了。语文的学习不会因为一篇课文学完就结束，更重要的是将孩子引向更广阔的阅读，经典阅读更应如此。】

六、板书设计

杨氏之子

甚聪惠

【评析：整堂课紧紧围绕着"甚聪惠"这三个字展开，层层深入。此板书也紧扣"甚聪惠"这一教学的主线，简单明了。】

 教学反思

五年级的学生已经积累了一定的阅读文言文的经验，对他们而言，对照注释自主读懂《杨氏之子》这个故事的内容并不困难，而感受故事中人物语言的风趣机智，体会语言表达的艺术是重点和难点。同时，从孩子发展的角度来说，理解一篇文言文是重点，而以此去阅读更多的经典更是重中之重。基于以上思考，本课的教学设计，重点从以下三方面进行。

读：形式丰富有侧重

文言阅读，读是首位。从读通课文，读出节奏，读出韵味，到读懂文意，以至最后的熟读成诵，一步步由浅入深。五年级的学生已经有了比较丰富的文言文阅读经验，我们的教学必须考虑学生的基础。放手读，读出节奏，借助各种方法读懂文意，真正让学生成为课堂的主人。而我做的，就是在学生疑惑处点拨。比如对学生容易读错的三个字加以提醒，学生停顿容易出错的"未闻孔雀是夫子家禽"处用抑扬顿挫的吟诵范读，用现代和古代的意义对比等方式，引导学生读正确。

学：提领而顿百毛顺

让学生体会到杨氏之子的"甚聪惠"，其实学生在读的时候能感受到，但要完整地说出个一二又并非易事。所以，在品读环节，以"你从哪些地方感受到杨氏之子的'甚聪惠'"作为切入点，让学生自读自悟，正所谓牵一发而动全身，不同的学生会有不同的体会。通过创设情境对话、师生合作，以及对"聪"字的资料拓展，勾勒出了一个语言风趣、思维敏捷、待人有礼的杨氏之子形象。

拓：文言阅读兴趣浓

《世说新语》文笔简洁明快，只言片语即可刻画出鲜活的人物形象，是老祖宗留给我们的宝贵财富。如何通过一篇文言文的学习激发学生的阅读兴趣？拓展学习徐孺子的故事，既是一个延伸，又是一个媒介，让学生感受，原来《世说新语》中还有这么多有趣的充满智慧的孩童，从而将学生引向更广阔的文言阅读中。

纵观本堂课的设计，我始终站在学生的角度，点拨，唤醒，积累，激发……让学生的学习由点及面，走向纵深。

伯牙鼓琴①

伯牙鼓琴，锺子期听之。方鼓琴而志②在太山③，锺子期曰："善哉④乎鼓琴，巍巍乎若太山⑤。"少选⑥之间而志在流水，锺子期又曰："善哉乎鼓琴，汤汤乎若流水⑦。"锺子期死，伯牙破琴绝弦，终身不复鼓琴，以为世无足复为鼓琴者⑧。

注释

①本文选自《吕氏春秋·本味》。鼓：弹。
②志：心志，情志。
③太山：泛指大山，高山。一说指东岳泰山。
④善哉：好啊。
⑤巍巍乎若太山：像大山一样高峻。巍巍：高大的样子。若：像。
⑥少选：形容极短的时间。
⑦汤汤乎若流水：像流水一样浩荡。汤汤：水流大而急的样子。
⑧以为世无足复为鼓琴者：认为世上再没有值得他为之弹琴的人了。

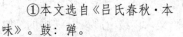

哉 巍 弦 轴 曝

统编版小学语文六年级上册第21课

文言并重　古色古韵

——《伯牙鼓琴》教学设计与评析

金华市环城小学教育集团第二小学　金建琴（设计）

金华市环城小学教育集团第二小学　姚晓芳（评析）

一、教材解读

伯牙子期，千古佳话，他们的故事已成为中华文化中关于"知音"最为生动的注解，统编版小学语文六年级上册第21课中的《伯牙鼓琴》讲述的就是这个故事。

《伯牙鼓琴》是一篇文言文，选自《吕氏春秋》，全文共83个字，4句话。第1句为起，第2、3句顺承而下，第4句急转而后合，先写遇知音之喜，后写失知音之痛，语言凝练典雅，情感深沉浓郁。

统编教材非常注重文言文的学习，从三年级上册开始就安排了文言文，对于六年级的学生来说，文言文已经不再陌生。他们掌握了一些学习文言文的方法，知道了"这一类"文章的一些特点，因此在本课教学中，力求突出"这一篇"的特点，在三方面着力：一是感受语言的特点，二是感受艺术的魅力，三是感受知音的难得。

二、教学目标

1. 读准字音，把握停顿，学懂课文，熟读成诵。
2. 探究本课的语言特点，体验学习文言文的乐趣。
3. 体验艺术之美，感受高山流水的知音文化。

三、教学重点、难点

探究本课的语言特点，体验学习文言文的乐趣。体验艺术之美，感受高山流水的知音文化。

四、课前准备

学生预习课文、教师准备课件。

五、教学过程

（一）谈话导入——激趣释题识伯牙

1. 配乐对诗。

上课前咱们先做一个对诗游戏，老师说前半句，你们接后半句。

桃花潭水深千尺—— 　　不及汪伦送我情
孤帆远影碧空尽—— 　　唯见长江天际流
劝君更尽一杯酒—— 　　西出阳关无故人
海内存知己—— 　　天涯若比邻
莫愁前路无知己—— 　　天下谁人不识君

刚才咱们对的这些诗句，都是关于友情的千古名句，今天，我们要学的是一个关于友情的千古佳话。它发生在2000多年前，2000多年前的古书《列子》与《吕氏春秋》都写到了它，300多年前的《警世通言》更是详尽地描述了它，它就是——《伯牙鼓琴》。（板书：伯牙鼓琴）

【评析：李白、王维、王勃、高适……一个个伟大诗人写下了一句句关于友情的千古名句。饶有趣味的"对诗"游戏，不仅是对学生积累的一种回顾，也自然而然地把"知音"这个话题引入课堂，使课堂"未成曲调先有情"。】

2. 释题激趣。

（1）理解"鼓"字。

猜一猜它是课题中的哪个字？

看着图能猜出这个字的意思吗？（敲，打）

理解这个字的意思还有别的方法吗？（看注释）

小结：查字理、看注释都是理解字义的好方法。

（2）初识"伯牙"。

是谁弹琴？（伯牙）

伯牙，春秋时期晋国上大夫，精通琴艺，人称"琴仙"。荀子的《劝学》中有这样一句话：伯牙鼓琴，而六马仰秣。意思是说，伯牙弹琴的时候，正在吃草的马儿都仰起头来倾听。

好厉害的"琴仙"啊，让我们赶紧走进课文去好好地认识他吧。

【评析："鼓"字的理解既有追根溯源的"古法"，又有看注释这样简洁的方法，既体现工具性，又有文化味。对伯牙的简单介绍，让学生产生了强烈的阅读兴趣和阅读期待。】

（二）初读文章——疏通字句明大意
1.读通课文。
（1）读准字音。
请大家自由、大声地读课文，争取把课文读正确、读通顺。
指名读，重点关注"哉"以及多音字"汤汤、少选"的读音。
（2）读出韵味。

善哉乎鼓琴，巍巍乎若太山。
善哉乎鼓琴，汤汤乎若流水。

老师范读，你们听出了什么？
"善哉乎"的"乎"是语气词，相当于现在的"啊""呀"，要读得长一些，这样读起来才有味道。

自由读，分组读。

（3）读出节奏。

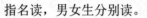

锺子期／死，伯牙／破琴绝弦，终身／不复鼓，以为／世／无足／复为／鼓琴者。

指名读，男女生分别读。

（4）读出文化。

把课文变一变，你发现了什么？

伯牙鼓琴锺子
期听之方鼓琴
而志在太山锺
子期曰善哉乎
鼓琴巍巍乎若
太山少选之间
而志在流水锺
子期又曰善哉
乎鼓琴汤汤乎
若流水锺子期
死伯牙破琴绝
弦终身不复鼓
以为世无足复
为鼓琴者

古人写文章就是这样，自上而下，从右往左，竖着排列，而且没有标点，这样的《伯牙鼓琴》你还会读吗？咱们一起来读吧。

【评析：读是学习文言文最简单有效的方法，从自由读到指名读、老师范读、分组读、男女生读、全班齐读；从读准字音，到读出节奏、读出韵味、读出文化，多层次、多元化的朗读不是简单机械的重复，而是环环相扣，步步提升。】

2. 初知大意。

（1）自学明大意。

咱们不是第一次学文言文，你们都学会了哪些方法？（看注释，观插图，联系上下文，查工具书，问小伙伴等。）

四人小组组内相互合作，读懂课文。

指名说说文章大意。

（2）聚焦悟"善哉"。

善哉乎鼓琴，巍巍乎若太山。

善哉乎鼓琴，汤汤乎若流水。

汉字已经有几千年的历史了，就像每一条河都有它的源头，每一个汉字都有它最原始的意思，看图片，猜一猜"善"最初应该是什么意思？（赞叹）

"善哉"用现在的话说就是真好，太好了，真棒啊，厉害啊，带着这样的感觉来读读这个词。

把这样的感觉带到句子中读一读。

【评析：让学生回忆学文言文的方法，并用掌握的方法合作学习，给了学生自主探究的空间和机会，充分调动了学生的积极性。"善"字的探根寻源，使学生对中国汉字文化有了新的体验。】

（三）紧扣知音——品读涵泳悟真情

1. 遇知音之喜。

文章读了这么多遍，你能把伯牙和子期的关系读成一个词吗？（板书：知音）

知道子期是什么人吗？

钟子期，春秋楚国人。相传钟子期是一个戴斗笠、披蓑衣、背冲担、拿板斧的樵夫。

一个是上大夫（高官），一个是樵夫（打柴的），他们的身份、地位可以说是"天差地别"，但音乐让他们心心相印，你从哪里感受到伯牙和子期是知音？

（1）听琴音。

方鼓琴而志在太山，钟子期曰："善哉乎鼓琴，巍巍乎若太山。"少选之间而志在流水，钟子期又曰："善哉乎鼓琴，汤汤乎若流水。"

①听音乐想象高山。

伯牙鼓琴，志在高山，善听的子期，你的眼前出现了怎样的山？

（峰峦雄伟、高耸入云、连绵起伏、顶天立地、拔地而起、气势磅礴）

这样的巍峨，这样的挺拔，这样的雄伟，你就浓缩成两个字："巍巍"，于是，你情不自禁地赞叹——

善哉乎鼓琴，巍巍乎若太山。（指名朗读）

②听音乐想象流水。

当伯牙鼓琴，志在流水，善听的子期，你的眼前又出现了怎样的水？（波涛汹涌、波澜壮阔、浩浩荡荡、无边无际）

如黄河般奔涌，如长江般浩荡，眼前的种种，你也浓缩成两个字："汤汤"，于是，你又情不自禁地赞叹——

善哉乎鼓琴，汤汤乎若流水。（指名朗读）

③发现句子的特点。

善哉乎鼓琴，巍巍乎若太山。
善哉乎鼓琴，汤汤乎若流水。

这两句话有什么特点？（字数相同，标点相同，句式一样，饱含的情感相同。）古人写文章讲究工整、对仗，连说话也这么讲究。

学生试背。

【评析：“从哪里感受到伯牙和子期是知音？”这一问，不仅干净利落地抓住了全文的核心，也自然地引出了当伯牙“志在太山”或“志在流水”时，子期分别道出的“善哉乎鼓琴，巍巍乎若太山”和“善哉乎鼓琴，汤汤乎若流水”，由此，全文得以“提领而顿，百毛皆顺”。朗读时，规避了单纯的技术训练，老师问学生“你的眼前出现了怎样的山""你的眼前出现了怎样的水",充分激活学生头脑中的固有存储和相关视像,为之后的朗读、背诵造势、蓄力。】

（2）知心音。
①写话拓展。
作为名满天下的音乐家,伯牙的琴声里还有很多很多,也许还有——

清风徐徐	明月皎皎	芳草萋萋
白雪皑皑	云雾蒙蒙	杨柳依依
炊烟袅袅	春雨绵绵	波光粼粼

伴着《高山流水》的音乐写话:伯牙鼓琴而志在_____,子期曰_____。

高山也罢,流水也罢,春雨也罢,冬雪也罢,无论伯牙弹什么,子期都懂。
②小组讨论。
伯牙的琴声里还藏着什么?（志向、理想等）

相传伯牙学琴三年,虽技巧娴熟,但缺少神韵。于是,他的老师成连送他到东海蓬莱山。伯牙独自在岛上,每日面对浩瀚的大海,倾听澎湃的涛声,远望山林,听鸟鸣深涧。十多日后,他觉得自己的胸怀、情操像大海一样奔腾,理想、志向像高山一样屹立,伯牙把这些融于创作中,谱写了一曲《高山流水》。

你的志向，我懂；你的胸怀，我懂；你的情操，我懂；你的理想，我懂。这才是知音。

【评析：对知音的理解，学生很容易停留在知琴音上。因此，教师进行拓展——补充资料，让学生一步步领悟：子期不仅懂伯牙的琴声，更懂伯牙的心声，这才是真正的知音。】

（3）探形式。

①师生对读。

高山流水遇知音，这是多么幸福的画面，让我们用朗读来感受他们的幸福吧，老师和大家配合着来读好吗？

（师）伯牙鼓琴，（生）锺子期听之。（师）方鼓琴而志在太山，（生）锺子期曰："善哉乎鼓琴，巍巍乎若太山。"（师）少选之间而志在流水，（生）锺子期又曰："善哉乎鼓琴，汤汤乎若流水。"

②发现句子特点。

读着读着，有没有什么发现？（一句伯牙，一句子期。）

这样的排列仿佛让我们看到了什么？（伯牙和子期，一个鼓，一个听，一个倾诉，一个回应。）

看似简单的排列写出了不简单的默契，这就是文言文，简约而不简单。来，咱们再来默契地读一读。

【评析：歌德说过："内容人人看得见，涵义只有有心人得之，而形式对于大多数人是个秘密。"通过师生对读，引领学生发现了言语的秘密，感悟到了"语言形式可以在直观上恰切地表现语言内容"的神奇。】

2. 失知音之痛。

（1）感受悲痛。

①然而，这温暖、美好的一切却戛然而止，只因——子期死。

从此，伯牙鼓琴，却无人听之：伯牙鼓琴，志在太山时，却再也没人对他说——善哉乎鼓琴，巍巍乎若太山。伯牙鼓琴，志在流水时，却再也没人对他说——善哉乎鼓琴，汤汤乎若流水。

伯牙鼓琴，锺子期听之。方鼓琴而志在太山，锺子期曰："善哉乎鼓琴，巍巍乎若太山。"少选之间而志在流水，锺子期又曰："善哉乎鼓琴，汤汤乎若流水。"

（课件把文中写子期的句子逐一隐去，只留下写伯牙的。）

看着残缺的文字，你仿佛看到了一个怎样的伯牙？（孤独、悲痛）

②知音不在，高山流水皆成空，心中所念无人懂，再弹琴又有什么意义。

（课件逐渐演变成一片空白。）

于是——锺子期死，伯牙破琴绝弦，终身不复鼓，以为世无足复为鼓琴者。

（2）拓展诗文。

在子期的坟前，伯牙写下了这样一首诗：

摔碎瑶琴凤尾寒，子期不在对谁弹。

春风满面皆朋友，欲觅知音难上难。

大诗人李白，曾经写道——锺期久已没，世上无知音。

女诗人薛涛也曾经感叹——借问人间愁寂意，伯牙绝弦已无声。

【评析：这一环节最大的特点是利用视觉冲击激发情感。一次是子期死，把文章中写子期的句子逐一隐去，只留下写伯牙的句子，让学生感受伯牙的孤寂、悲痛。另一次是伯牙破琴绝弦时，把文章全部隐去，课件留下一片空白，让学生感受到失知音之痛。】

（四）结课升华——画龙点睛掀高潮

1. 配乐背诵。

高山依旧，流水依旧，只是在高山流水间多了一个千古佳话。就让我们把这个故事铭记在心里。

2. 升华情感。

今后，我们遇到知心的人，就可以称他为——知音，尽管我们知道：知音难觅，但我们依然会满怀期待。

【评析：课最后，伴着高山流水的乐声，学生齐诵全文，让伯牙子期的故事留在学生脑海里，让"知音"二字扎根于学生心中，可谓"课已结，意未尽"。】

六、板书设计

伯牙鼓琴

知音

【评析：简单的两个字——知音，浓缩了文章的内容、情感、文化，也深深地刻在了学生的心里。】

 教学反思

在伯牙和子期的故事中欣喜、悲痛，在古朴典雅的文字中沉醉、涵泳，就这样，我和学生爱上了《伯牙鼓琴》。备课是折磨，上课是享受，反思是新的开始。回顾教学实践，自己主要在这两点上做了些思考：

文言并重

文本的语言特点包括两个方面，一是"这一类"文本的特点，即文言文的特点；二是"这一篇"文本的特点，即本文的一些语言特点。本课教学中，我紧紧抓住两个语言点，第一个点是"善哉乎鼓琴，巍巍乎若太山""善哉乎鼓琴，汤汤乎若流水"这两句话的研读。先通过看画面、听音乐想象等方式理解"巍巍""汤汤"等词，再通过朗读感受子期与伯牙的心心相印以及文言文"言简意赅""对仗工整"的特点，接着仿照句式写话，不仅实现了语言从习得到迁移的过程，而且拓展了"知音"的内涵。第二个点是本课语言排列上的特点：一句伯牙，一句子期，让人仿佛看见伯牙和子期两个人，一个鼓，一个听，一个倾诉，一个回应，通过师生对读、男女生对读等形式让学生感受到遇知音时的幸福、满足和珍惜。在感受失知音之痛时，还是紧紧抓住句子排列的特点，把写子期的句子逐一隐去，只留下写伯牙的句子，此时，学生看着残缺的文字，仿佛看到了一个孤独、痛苦的子期。心中所念无人懂，再弹琴又有什么意义。教师再逐一把文章全部隐去，课件只留下一片空白，给学生的视觉、情感以强烈冲击，做到了内容与形式两者兼顾，语言理解和情感激发相得益彰。

古色古韵

　　文言文又称"古文"，不管是故事、文字还是其中的情感，都散发着古老的气息，所以在教学中也应该有它独特的韵味。比如字词教学，"鼓"和"善"都是追根溯源式的教学，看甲骨文，猜字的本意，这样不仅可以让学生更好地理解文章，而且可以感受到汉字的悠久历史和神奇魅力。充满古风的《高山流水》古琴曲在课堂中一次次响起，学生在音乐中对诗、想象、仿写、背诵，在音乐中感受"高山流水"的故事和情感，仿佛回到了春秋时期，看到了"一人一琴一知音，一生一曲一人听"的千古绝唱。同时，在学习课文的时候，引进了许多课外的材料，如吟诵友情的诗句，关于伯牙和子期的资料，李白、薛涛等人写下的有关这个故事的诗句等，也让这个故事更加诗情画意，古色古韵。

　　感恩，遇上《伯牙鼓琴》。期待，能成为文言文的知音。

书戴嵩画牛①

　　蜀中有杜处士②，好书画，所宝③以百数。有戴嵩④《牛》⑤一轴，尤所爱，锦囊玉轴⑥，常以自随。

　　一日曝书画，有一牧童见之，拊掌⑦大笑曰："此画斗牛也。牛斗，力在角，尾搐⑧入两股⑨间，今乃⑩掉⑪尾而斗，谬⑫矣！"处士笑而然之⑬。古语云："耕当问奴，织当问婢。"不可改也。

注释

①本文作者是宋代的苏轼。

②处士：有德才而不愿去做官的人。

③所宝：所珍藏的宝贝。

④戴嵩：唐代画家。

⑤《牛》：指戴嵩画的《斗牛图》。

⑥锦囊玉轴：用锦缎作画囊，用玉作画轴。

⑦拊掌：拍手。

⑧搐：抽缩。

⑨股：大腿。

⑩乃：却。

⑪掉：摆动，摇。

⑫谬：错误。两牛相斗时，多是"尾搐入两股间"的情形，也有"掉尾而斗"者。

⑬然之：认为他说得对。

展开想象　入境悟意

——《书戴嵩画牛》教学设计与评析

金华市金东区孝顺小学　张祎玮（设计）

金华市婺城区教研室　滕宝明（评析）

一、教材解读

　　高山流水琴音传情，戴嵩斗牛书画悟理。《书戴嵩画牛》是统编版六年级上册《文言文二则》中的第二则，作者是北宋文学家苏轼，此文是他为唐代画家戴嵩的《斗牛图》写的一篇题跋。课文叙事简洁，余味悠长，刻画了杜处士和牧童两个特点鲜明的人物。

　　琴棋书画，古之四艺。《书戴嵩画牛》紧接《伯牙鼓琴》，彰显了单元"艺术之旅"的人文主题，但较之前篇，本篇蕴含古人哲思，揭示了绘画要尊重事实的道理。"借助语言文字展开想象，体会艺术之美"是本单元的语文要素，在教学中，可以抓住文本留白处充分展开想象，入境悟意。

二、教学目标

　　1. 读准"轴、曝"等难读易错的字，正确、流利地朗读课文。

　　2. 利用注释理解重点句，读懂课文，感悟"耕当问奴，织当问婢"

的道理。

3. 借助语言文字展开想象，用自己的话讲讲《书戴嵩画牛》的故事。

三、教学重点、难点

利用注释理解重点句，读懂课文，感悟"耕当问奴，织当问婢"的道理；借助语言文字展开想象，用自己的话讲讲《书戴嵩画牛》的故事。

四、课前准备

学生预习课文、教师准备课件。

五、教学过程

（一）谈话导入——明题意

1. 快问快答。

同学们，古往今来，多少佳句流传，多少诗人流芳百世，下面这几句诗，你能说出诗题和作者吗？

少小离家老大回，乡音无改鬓毛衰。——《回乡偶书》（贺知章）

茅檐长扫净无苔，花木成畦手自栽。——《书湖阴先生壁》（王安石）

黑云翻墨未遮山，白雨跳珠乱入船。——《六月二十七日望湖楼醉书》（苏轼）

2. 火眼金睛。

大家仔细看看，你发现了什么？（PPT中标红"书"字）

《回乡偶书》（贺知章）

《书湖阴先生壁》（王安石）

《六月二十七日望湖楼醉书》（苏轼）

今天，我们学习的文言文题目里也带有一个"书"字，题目是《书戴嵩画牛》。板书课题，"书"在题目里的意思是什么？（书写）

读题。（注意停顿——书／戴嵩画牛）作者是——苏轼。

题目中的戴嵩指的是谁？

戴嵩是唐代的画家，擅长画田家、川原之景，画水牛尤为著名，后人谓得"野性筋骨之妙"。他曾画过一幅《斗牛图》。

今天的故事就由这幅斗牛图展开。

【评析：《回乡偶书》《书湖阴先生壁》《六月二十七日望湖楼醉书》皆是学生已学的古诗，一个"快问快答"环节，激发了学生的学习兴趣，营造了良好的课堂氛围。发现诗题的共同点——都有一个"书"字，巧妙地利用旧知连接新知，有助于理解题目，同时顺其自然地掌握了题目的读法，可谓一举多得。】

（二）初读文章——晓文意

1. 读准字音，读通课文。

（1）请同学们自由地读课文，读准字音，读通句子，注意多音字和难读字的读法。

（2）展示朗读，相机正音。

蜀中有杜处士，好书画，所宝以百数。

这句话中有3个多音字，你都读正确了吗？我们可以怎么判断多音字的读音呢？（根据注释提示——处 chǔ，"古之所谓处士者，德盛者也"；根据意思推测——好 hào、数 shǔ。）

一日曝书画，有一牧童见之，拊掌大笑曰："此画斗牛也。牛斗，力在角，尾搐入两股间，今乃掉尾而斗，谬矣。"

这段话中难读的生字特别多，谁再来读一读？

有的同学发现"曝"也是一个多音字，在这里它是什么意思呢？

曝

借助图片理解意思，指导书写"曝"。

（3）学生朗读全文。

2.录音示范，读出节奏。

仔细听录音，试着标出停顿符号。

PPT出示校对。

蜀中/有杜处士，好/书画，所宝/以百数。有戴嵩/《牛》/一轴，尤所爱，锦囊/玉轴，常/以自随。

一日/曝书画，有一牧童/见之，拊掌/大笑，曰："此画/斗牛也。牛斗，力/在角，尾/搐入两股间，今乃/掉尾而斗，谬矣。"处士/笑/而然之。古语有云："耕/当问奴，织/当问婢。"不可/改也。

学生练读。

3.读熟文章，初知大意。

我们已经学了不少文言文，试着用学过的方法，理解文章的意思。

（1）自主学习，理解文意。

（2）指名交流每句话的意思，教师重点指导下面句子。

· ·

有戴嵩《牛》一轴，尤所爱，锦囊玉轴，常以自随。

轴（軸）zhóu ㄓㄡˊ ❶穿在轮子中间的圆柱形物件。（图见324页"旧式车轮"）❷（一儿）用来缠绕东西的像车轴的器物：线～儿｜画～。❸量词，用于缠在轴上的线及带轴子的字画：一～儿线。❹把平面或立体分成对称部分的直线：天安门在北京城的

· ·

通过比较字义理解句子意思。这里有两个"轴"字，用法一样吗？请结合语境判断。

· ·

此画斗牛也。牛斗，力在角，尾搐入两股间，今乃掉尾而斗，谬矣。

· ·

借助注释，用自己的话说一说，斗牛时，牛的尾巴是（　　），画上是（　　）。

（3）用自己的话和同桌说一说这个故事。

【评析：读通课文—读出节奏—读懂文意，层层递进，让学生在阶梯式的学习中，掌握阅读文言文的方法。在发挥学生主观能

动性的基础上，于难点处进行点拨，提升学生的文言文阅读能力。】

（三）展开想象——入情境

文章刻画了两个人物——杜处士和牧童，默读课文，找一找他们俩对待戴嵩的《斗牛图》是怎样的态度呢？分别用"_____"和""标出来。

1. 品"爱"意。

杜处士爱书画成痴，特别珍爱戴嵩的《斗牛图》。

有戴嵩《牛》一轴，尤所爱，锦囊玉轴，常以自随。

这句话中有一个字凝练地概括了杜处士对这幅画的态度，这个字就是（爱）。

杜处士对画的喜爱具体表现在哪呢？（锦囊玉轴，常以自随）

杜处士不计成本地装裱此画，随时随地携带此画，真可以说是爱画成痴。想象一下，如此珍爱这幅画的杜处士，仅仅是常常随身携带着此画吗？他还会常常做什么呢？（常常欣赏着这幅画，常常抚摸着这幅画……）

你能仿照课文的形式来说一说吗？

常以_____之
常以_____之
……

将这种喜爱之情读出来。

2. 品"笑"意。

（1）牧童对待这幅画又是怎样的态度呢？指名回答。

一日曝书画，有一牧童见之，拊掌大笑，曰："此画斗牛也。牛斗，力在角，尾搐入两股间，今乃掉尾而斗，谬矣。"

哪个词让我们集中感受到了他的态度？（拊掌大笑）

"拊掌大笑"是什么样子的？谁来试着演一演牧童"拊掌大笑"时的情形？

小结：我们抓住牧童的动作、语言、神态展开想象，读出了画面，感受到了牧童的天真可爱。

面对牧童的质疑，杜处士也笑了。（笑而然之）你觉得这是怎样的笑呢？他可能会说些什么呢？

杜处士笑而然之，曰："＿＿＿＿＿＿＿＿＿＿＿＿＿＿＿＿。"

两个人物身份不同，阅历不同，但在文中，他们却"不约而同"地笑了，这是两种完全不同的笑。让我们再来读一读这几句话。

3. 入角色。

假如你就是文中的人物，展开想象，用自己的话来说说这个故事。

我是一个小牧童……

我是杜处士……

【评析：此环节通过"品爱意—品笑意—入角色"，对比两个

人物对待《斗牛图》态度的不同，在课文留白处展开想象，以落实"借助语言文字展开想象，体会艺术之美"这一单元语文要素。】

（四）拓展阅读——悟文理

1. 其实苏轼不仅写了《书戴嵩画牛》，他还写了一篇《书黄筌画雀》，请同学们运用我们刚才学习的方法自己读一读这个故事。

书黄筌①画雀

黄筌画飞鸟，颈足皆展。或曰："飞鸟缩颈则展足，缩足则展颈，无两展者。"验之信然。乃知观物不审②者，虽画师且不能，况其大者③乎？君子是以务④学而好问也。

注释

①黄筌：五代后蜀画家。

②审：精审细密。

③大者：指更大的事。

④务：致力。

2. 联系两篇文章，谁能说说你明白了什么道理？

戴嵩画牛，掉尾而斗；黄筌画飞鸟，颈足皆展。这都是因为没有仔细观察生活实际，而是凭空想象造成的。正如古语有云——

古语云："耕当问奴，织当问婢。"不可改也。

（板书：耕当问奴　织当问婢）

3. 思辨：其实经过后人的观察，牧童的说法也不全对，在注释中也补充有"两牛相斗时，多是'尾搐入两股间'的情形，也有'掉尾而斗'者"。

【评析：苏轼的另一篇文言文用作拓展阅读，迁移方法，趁热打铁。苏轼的文章、诗词大都含有丰富而深刻的寓意，两篇文章道理有相通之处，六年级的学生可以通过阅读比较明白道理：艺术创作源于生活。】

六、板书设计

书戴嵩画牛

杜处士　　　牧童　　　想象

爱　　　　笑

【评析：主板书抓住了文章中两个主要人物及他们对《斗牛图》的态度，副板书既是本单元语文要素的呈现，也是学习方法的提炼。整个板书简洁明了，要点明晰。】

教学反思

《书戴嵩画牛》是苏轼写的一篇题跋，本文内容短小，但含义颇丰。学习这样的文言文，对学生而言有一定的难度。为突破难点，在教学上，我采用了层读筑基、想象入境的方法。

层读筑基

文言文学习，百"读"筑基，我们进行文言文教学时，虽不必如旧时那般要求死记硬背，但读却是不可少的。在教学中，我结合文章特点，层层设计"读"的任务。

《书戴嵩画牛》这一课中多音字较多，第二段中还有一些较为难读的字。学生初读课文时，便会遇上这一难题，故而第一层初读必须帮助学生扫清字音障碍。多音字读音的判断有法可依，如借助注释判断读音，根据意思推测读音，授学生以法，助其触类旁通，迁移运用。第二层是读出节奏，通过录音示范，营造古韵氛围的同时让学生明白如何停顿。六年级的孩子已经掌握了不少理解句子的方法，在第三层读懂文意的教学中，发挥了学生的主动性，运用所学。层层下来，学生在读中已有所悟，夯实了文言文学习的基础。

想象入境

叶圣陶先生说过："作者胸有境，入境始于亲。"引生入境，才能使其心有所感，智有所启，情有所思。我以"想象"为媒，深入文本情境，在文章的几个留白处设置想象点，品爱意，品笑意，将学生的实际生活经验与课文联结起来，落实了"借助语言文字展开想象，体会艺术之美"这一语文要素。学生在这一环节中，以自己的体验代入角色，用自己的话说故事，进行个性化的解读，既加深了学习印象，又训练了语文能力，为后面继续学习悟得道理做了充分的铺垫，正所谓：入境才能入情，入情方能悟理。

一次研读就是一次成长，在研读这篇文章时，我曾数度纠结于文章注释中提到的两牛相斗时，既有"尾搐入两股间"的情形，也有"掉尾而斗"者，我担心这会对学生理解文意产生影响。再度潜心研究文本，我们可以发现，作者苏轼最终要传达的观点是绘画要尊重事实，牧童指出的"错误"为其生活所见，后人的发现其实再次证明了苏轼所想表达的尊重客观实际的观点，君子需以务学而好问。考虑到六年级学生的学情基础，在深入文本后，利用《书黄筌画雀》进行类文阅读，能更明确地体悟"绘画需尊重事实，艺术创作需基于实际"的道理。学贵在思，最后留有思辨，让学生进行质疑思考，未尝不是一次思维的提升，更近古人哲思矣。

可见，文言文的学习必须建立在师者与学生的充分思考之上，读为根本，入境体悟，思维至上。

学弈①

弈秋②，通国③之善弈者也。使弈秋诲二人弈，其一人专心致志，惟弈秋之为听④；一人虽听之，一心以为有鸿鹄⑤将至，思援⑥弓缴⑦而射之。虽与之⑧俱学，弗若⑨之矣。为⑩是其智弗若与⑪？曰：非然⑫也。

注释

---

①本文选自《孟子·告子上》，题目为后人所加。弈，下棋。

②弈秋："秋"是人名。因善于下棋，所以称为弈秋。

③通国：全国。

④惟弈秋之为听：只听弈秋的教诲。

⑤鸿鹄：指天鹅、大雁一类的鸟。

⑥援：引，拉。

⑦缴：系在箭上的丝绳，这里指带有丝绳的箭，射出后可以将箭收回。

⑧之：他，指专心致志的那个人。

⑨弗若：不如。

⑩为：因为。

⑪与：同"欤"，句末语气词，表示疑问。这里读yú。

⑫然：这样。

三读三比 文理共生

——《学弈》教学设计与评析

武义县壶山小学 徐桂梅（设计）

金华市婺城区教研室 滕宝明（评析）

一、教材解读

《学弈》是统编版小学语文六年级下册第14课《文言文二则》中的第一则，选自《孟子·告子上》。讲述的是两个人跟随弈秋学弈，因为学习态度的不同，导致学习效果完全不同的故事。全文共5句话，可以分为三层：第一层是第1句，写了弈秋是全国最擅长下棋的人；第二层是第2—3两句，写两个人同时跟着弈秋学下棋的经过，两人的学习态度，构成鲜明对比；第三层是第3—4两句，孟子自问自答，阐明了自己的观点：学习应该专心致志，不能三心二意。

"体会文章是怎样用具体事例说明观点"是本单元的语文要素，将单元要素与课文内容结合起来，更能明确教材的编写意图。从结构上看，课文是先写具体事例，后表达观点。仔细阅读教材，我们还可以感受到三处对比：一是学习态度的对比，二是课文插图中两人神态的对比，三是学习结果的对比。三处对比之后，作者"学习应该专心致志，不能三心二意"的观点，也就水到渠成地展现于读者眼前，读来让人回味无穷。

二、教学目标

1. 学会本课生字，正确、流利地朗读课文，背诵课文。

2. 初步感受"用具体事例说明观点"的方法，感受事例中"对比"手法的运用。

3. 联系实际，感悟"学习时必须专心致志，不可三心二意"的道理。

三、教学重点、难点

初步感受"用具体事例说明观点"的方法，感悟"学习时必须专心致志，不可三心二意"的道理。

四、课前准备

学生预习课文、教师准备课件。

五、教学过程

（一）回忆旧文，说文言特点引新课

1. 板书"文言文"，回顾何为文言文。

同学们，还记得在之前的学习中，我们学习了哪些文言文吗？是的，我们学习了《自相矛盾》《杨氏之子》《伯牙鼓琴》《书戴嵩画牛》等。那么，何为文言文呢？第一个"文"是书面文章的意思；"言"是写，表述的意思；最后一个"文"是作品、文章的意思。在古代，文言文是用书面语写成的文章。

2. 总结文言文的特点。

那么文言文有什么特点呢？

（语言简洁、用词精练、常有词类活用现象……）

3. 引出新课。

今天，我们要来学习一篇新的文言文《学弈》，板书课题。

【评析：到了六年级，学生对文言文的特点有了一些了解。上课伊始，让学生试着回忆文言文的特点，看似这是一个复习的过程，实则也是一个让学生思考的过程，也是教师确定教学层次的依据，教学生于不明白之处。】

（二）三读课文，疏通字句明大意

1. 读懂题目，晓出处。

大家预习了课文，知道"学弈"是什么意思吗？（学习下棋）

《学弈》选自《孟子·告子上》，孟子是谁呢？我们一起来了解一下：

孟子是儒家学派的代表人物，重视环境和教育对人的影响。他被称为"亚圣"，与孔子合称"孔孟"。《孟子》一书记录了他的思想和言行。

2. 一读课文，读准确。

回忆学习文言文的步骤。

学习文言文的步骤：一是反复朗读，二是结合注释和插图，理解课文内容，三是明白文章说明的道理。那咱们就先来朗读课文，要求：读准字音，读通句子；读准字音，读出节奏；借助字典，读准难读的句子。

①下面三句话中都有"为"字，那它们的读音一样吗？我们可以借助字典来判断正确的读音。

惟弈秋之为听 一心以为有鸿鹄将至 为是其智弗若与

惟弈秋之为（wéi）听 一心以为（wéi）有鸿鹄将至 为（wèi）是其智弗若与

请你借助工具书，读准下列句子中的加点字。

思援弓缴而射之。 虽与之俱学，弗若之矣。 为是其智弗若与？

思援弓缴（zhuó）而射之。 虽与之俱学，弗（fú）若之矣。 为是其智弗若与（yú）？

②听课文朗读，标出准确的停顿符号。

弈秋，通国之/善弈者也。使/弈秋/诲二人弈，其一人/专心致志，惟／弈秋之为听；一人／虽／听之，一心以为／有鸿鹄／将至，思／援弓缴／而射之。虽／与之／俱学，弗若之矣。为是／其智／弗若与？曰：非／然也。

··

③根据正确的读音和断句，自由大声地再读一遍。

3. 二读课文，读明白。

（1）借助注释、插图，小组合作说说每句话是什么意思。

（2）指导理解"者"。

"者"是什么意思？（者：……的人。）你是怎么知道的？我们今天仍然有这样的用法，比如：读者、记者、作者等。

（3）指导理解"之"。

这篇课文中，有一个字出现的次数特别多，请你圈出来。是啊，"之"字出现了6次，每次的意思都一样吗？我们一起来看一看。（课件中"之"标红）联系上下文，理解"之"的意思，交流反馈。

··

弈秋，通国之善弈者也。使弈秋诲二人弈，其一人专心致志，惟弈秋之为听；一人虽听之，一心以为有鸿鹄将至，思援弓缴而射之。虽与之俱学，弗若之矣。为是其智弗若与？曰：非然也。

··

4. 三读课文，明大意。

课文中每句话的意思，我们已经理解了，你能不能连起来说一说故事的内容呢？

【评析：这一环节安排了三次不同层次的读，逐步引导学生用已经熟悉的方法进行了文言文的句意疏通，在方法运用中学习新知，不失为一条妙计。借助工具书判断读音，借助停顿符号读出节奏，在读中理解了课文，又在理解中提升了阅读能力，整个过程环环紧扣，层层深入。】

（三）抓对比，文言文中悟道理

同样的老师，同样的学习环境，两个人的学习结果如何呢？课文中哪句话告诉了我们呢？

1. 学习结果的比较。

> 虽与之俱学，弗若之矣。

指名读。

那是因为另一人的智力不如前一人吗？不是的，文章的最后一句"为是其智弗若与？曰：非然也"清楚地告诉我们，不是这样的，那是因为什么？（因为不同的学习态度。）

2. 学习态度的比较。

他们两人的学习态度有什么不一样呢？你能从文中找出相关的句子来吗？

> 其一人专心致志，惟弈秋之为听；
> 一人虽听之，一心以为有鸿鹄将至，思援弓缴而射之。

（1）其一人的学习态度：专心致志，惟弈秋之为听；

在学下棋的过程中，会遇到哪些情况呢？他又会如何应对呢？请学生想象说话，并引读"其一人专心致志，惟弈秋之为听"。

<table>
<tr><td></td><td>天上飞过一只小鸟</td><td></td></tr>
<tr><td>在学下棋的过程中，</td><td>地上跑过一只野兔</td><td>其一人专心致志，</td></tr>
<tr><td></td><td>树下飞来一只蜜蜂</td><td>惟弈秋之为听</td></tr>
<tr><td></td><td>……</td><td></td></tr>
</table>

无论遇到什么情况，他始终保持"惟弈秋之为听"的状态，这就叫"专心致志"。（板书：专心致志）

（2）另一人遇到这些情况会怎么做呢？

<table>
<tr><td></td><td>天上飞过一只小鸟</td><td>思援弓缴而射之</td></tr>
<tr><td>在学下棋的过程中，</td><td>地上跑过一只野兔</td><td>思拉大网而逮之</td></tr>
<tr><td></td><td>树下飞来一只蜜蜂</td><td>思扇蒲扇而驱之</td></tr>
<tr><td></td><td>……</td><td>思……而……</td></tr>
</table>

总之，只要外面一有风吹草动，这个人就会受到影响，这就是"三心二意"。（板书：三心二意）

其一人专心致志，另一人三心二意，构成了鲜明的对比。（板书：对比）

3. 插图形象的比较。

这种比较，在课文插图上我们也可以感受到。

（1）你能分辨出图中哪个人专心致志，哪个人三心二意？

（2）你是怎么看出来的？（引导学生发现图片中人物神态的不同）

（3）交流反馈。（其一人专心致志，瞧他托着下巴，紧皱眉头，一副认真思考的样子。而另一人，手里拿着棋子，眼睛却望着天空，想着会有大雁飞来，一副心不在焉的样子。）

两个人的神态构成了鲜明的对比，也让我们感受到学习态度的不同，最终导致了学习结果截然不同。

4.总结梳理。

根据前面所学内容，请你摘录课文中的语句填写在下面的表格中。

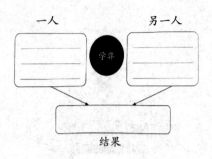

从这个故事中，你明白了什么道理呢？（学习就该专心致志，不能三心二意。）

【评析：这一环节安排了三次比较阅读，比学习结果，比学习态度，比插图形象，不同角度的比让学生明白了故事中蕴含的道理：学习要专心致志，不能三心二意。这三次对比，也让学生了解了"对比"的写法可以更加清楚地凸显人物特点，让故事变得生动，从而更好地表达自己的观点。这一过程，学生知其然，更知其所以然。】

（四）回顾拓展，行文结构中悟表达

1. 发现"怎么写"。

那么，作者是如何把这个道理说清楚的呢？

弈秋，通国之善弈者也。使弈秋诲二人弈，其一人专心致志，惟弈秋之为听；一人虽听之，一心以为有鸿鹄将至，思援弓缴而射之。虽与之俱学，弗若之矣。为是其智弗若与？曰：非然也。

说明观点

先写故事

原来，作者是先写了学下棋的故事，再提出自己的观点。这就是用具体事例说明观点的方法。

2. 链接《自相矛盾》，进一步理解"怎么写"。

在古代，很多学者都会用具体事例来说明自己的观点，比如我们曾经学过的《自相矛盾》，也采用了具体事例来说明观点。

楚人有鬻矛与盾者，誉之曰："吾盾之坚，物莫能陷也。"又誉其矛曰："吾矛之利，于物无不陷也。"或曰："以子之矛，陷子之盾，何如？"其人弗能应也。夫不可陷之盾与无不陷之矛，不可同世而立。

说明观点

先写故事

3. 课外拓展。

其实，这则故事的原文中还有一句话，在我们文章的最前面：

今夫弈之为数，小数也；不专心致志，则不得也。

（译文：比如说吧，下棋作为一门技艺，虽然只是一种小技艺，但如果不专心致志学的话，也是学不好的。）

这样是不是更清楚作者的观点了呢？我们一起整理一下整篇文章表达的顺序吧，事例—观点。

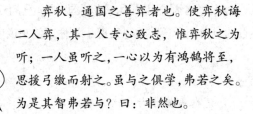

弈秋，通国之善弈者也。使弈秋诲二人弈，其一人专心致志，惟弈秋之为听；一人虽听之，一心以为有鸿鹄将至，思援弓缴而射之。虽与之俱学，弗若之矣。为是其智弗若与？曰：非然也。

事例

观点

是啊，孟子就是这样，娓娓道来，专心致志之人"得也"，三心二意之人"则不得也"。（板书：得也　不得也）

通过今天的学习，我们明白了一个道理，学习应专心致志，不可三心二意。让我们把它记在心中，一起读：专心致志，则得也，则大有可为也。

同学们，生活中有很多事情等着我们去做，无论在什么情况下，我们都要努力去做到最好。让我们齐读孟子名言，以此共勉吧！

孟子曰：故天将降大任于斯人也，必先苦其心志，劳其筋骨，饿其体肤，空乏其身，行拂乱其所为，所以动心忍性，曾益其所不能。

——《孟子·告子下》

【评析：此环节紧扣单元语文要素"体会文章是怎样用具体事例说明观点"，分两个层次实施。第一层次，从整篇文章入手，发现文章先写了一个故事，再阐述观点，回顾《自相矛盾》表达观点的方法，步步感受"用具体事例说明观点"的方法。第二层，拓展补充了原文的前一句，更加清楚地表达了作者的观点，这样就清晰展现了"观点—事例—观点"的行文结构。"用具体事例说明观点"不再抽象，也为本单元后面的文章学习奠定了基础。】

六、板书设计

学　弈

一人	另一人	事例
专心致志	三心二意	＋
得也	不得也	观点

对　比

【评析：板书设计分成主板书和副板书两部分。从板书上，我们不仅可以了解文章的主要内容，还可以知道作者"对比"的表现手法，同时兼顾了文言文的行文结构，将"用具体事例说明观点"的语文要素进行了提炼。】

教学反思

　　《学弈》是六年级下册《文言文二则》中的一则。在前面的学习中，学生已经初步掌握了文言文的学习方法，比如读通全文、借助注释、结合插图等等。那么，小学阶段的文言文学习仅仅止步于此吗？这篇文言文的提升点在哪里呢？苦思冥想之后，我的教学指向了文本的写法探究。

三次读文，读清楚

　　对于文言文，怎样指导学生把课文读通顺很重要。在"读"这件事情上，我设计了三次有层次的读。

　　第一层：读通顺。我先让学生自由地读课文，做到把字音读准，把句子读通顺。在学生回答的基础上总结出读文言文的两个关键：一是读准字音，二是读出节奏。教学过程中，在遇到难以确定读音的多音字时，如在确定"为"的读音时，就借助字典，据义定音。在处理整个"读"的教学环节上，我以学生的自读，教师的范读，指名朗读，前后桌互相读等形式，把读的环节落到实处。

　　第二层：读明白。通过学生已经掌握的文言文学习方法，如借助注释、工具书，来初步理解每一句话的意思。在遇到多义字时，如"之"字，则联系上下文确定字义。

　　第三层：读大意。在梳通字意后，引导学生体会文言故事中所蕴含的道理。在这个环节上，我引导学生先了解故事中的两人学习的结果是否一致，然后探究导致这一结果不一样的原因，从而使学生明白，学习态度不一样是导致学习结果不同的关键原因。

三次比文，比明白

这篇文言文不长，但行文结构却严谨有序。在这一环节我设计了三次比较阅读，通过层层对比，在具体事例中明白作者要表达的观点。

一比学习结果。我紧抓住"虽与之俱学，弗若之矣"一句，理解"俱学"就是一起学，说明学的外在环境是一样的，教学的老师、所用的学具，以及学习的时间都是一样的。但结果却是"弗若之矣"，后一人所学远远不及前一人，这到底是为什么呢？学习结果的对比，让学生产生了进一步探究的兴趣，用问题来引领学习。

二比学习态度。学习结果的不同，源自学习态度的不同。第二次对比，我抓住"其一人专心致志，惟弈秋之为听；一人虽听之，一心以为有鸿鹄将至，思援弓缴而射之"一句，采用想象说话的方式还原"专心致志"，在想象说话中三次引读"惟弈秋之为听"，"专心致志"的学习态度让学生印象深刻。而另一人的"三心二意"则用"思……而……"的句式补白说话，"三心二意"的学习状态跃然纸上。对比之下，"弗若之矣"的结果成必然。

三比插图形象。统编教材中，插图也能给人以无尽的启迪，如何合理使用课文插图，这也是我所关注的。在这一环节中，我让学生仔细观察课文插图中两人的神态有何不同。通过观察，学生们会发现插图中一个眉头紧蹙，认真思考；而另一人心神不宁，神游八荒之外。

通过三次的比较阅读，结合板书，再次让学生明白"学习要专心致志，不可三心二意"的道理，最后让学生说出从这个故事中所得到的启发，使"明理"这个环节水到渠成，避免了教师烦琐的分析讲解。

适度拓展，文理共生

通过"三读三比"，学生已完全读懂课文内容。在此基础上，我紧扣"用具体事例说明观点"这一单元语文要素，通过三步启发学生多角度、有创意地感悟。

一是通过再次回读课文，引导学生发现《学弈》一文是先写故事，再写观点，发现"事例＋观点"的行文结构。二是引入之前所学文言文《自相矛盾》，发现其行文结构也是"事例＋观点"。三是适时插入《学弈》原文的上一句"今夫弈之为数，小数也；不专心致志，则不得也"，让学生联系上下文理解"不专心致志，则不得也"的意思，明白这也是作者的观点。了解《学弈》的原文的行文结构是"观点—事例—观点"，感受"用具体事例说明观点的方法"。

总之，让学生运用已有的学习文言文的经验来梳通字意，学习文言文由"扶"到"放"，达到小学阶段学习文言文的基本目标。同时兼顾本单元语文要素学习"用具体事例说明观点"的方法，让学生不仅能知道写了什么，还能知道为什么这样写，顺利实现"学教材"到"用教材"的转化。

两小儿辩日①

孔子东游，见两小儿辩斗②，问其故。

一儿曰："我以③日始出时去人近，而日中④时远也。"

一儿曰："我以日初出远，而日中时近也。"

一儿曰："日初出大如车盖⑤，及⑥日中则如盘盂⑦，此不为远者小而近者大乎？"

一儿曰："日初出沧沧凉凉⑧，及其日中如探汤⑨，此不为近者热而远者凉乎？"

孔子不能决也。

两小儿笑曰："孰⑩为⑪汝⑫多知⑬乎？"

注释

①本文选自《列子·汤问》。题目为后人所加。

②辩斗：辩论，争论。

③以：认为。

④日中：正午。

⑤车盖：古时车上的圆形篷盖，像雨伞一样。

⑥及：到，到了。

⑦盘盂：盛物的器皿。圆的为盘，方的为盂。

⑧沧沧凉凉：寒凉。

⑨探汤：把手伸到热水里去。这里指天气很热。汤，热水。

⑩孰：谁。

⑪为：同"谓"，说。

⑫汝：你。

⑬知：同"智"，智慧。

言文并重　以学为主

——《两小儿辩日》教学设计与评析

浦江县实验小学　吴赞赞（设计）
金华市环城小学教育集团第二小学　姚晓芳（评析）

一、教材解读

　　《两小儿辩日》是统编版小学语文六年级下册第5单元第14课《文言文二则》中的第二则，选自《列子·汤问》。这是一则寓言故事，讲述了孔子路遇两个小孩在争论，一个认为太阳在早晨离人近，一个认为太阳在中午离人近，为此，双方各持一端，争执不下，就连孔子这样博学的人也无法裁决，被两个小孩笑话，体现了两小儿善于观察，说话有理有据和孔子实事求是的态度。

　　这个共119字的故事共分为7个自然段，叙事部分简洁明了，对话部分句式整齐。第1自然段开门见山，点出时间、地点、人物；第2—5自然段以人物对话的形式，紧扣"辩"字，讲述了两小儿各自的观点和依据，这也是落实本单元语文要素"体会文章是怎样用具体事例说明观点"的好材料；第6—7自然段是故事的结局，意味深长。全文详略有致，细节到位，结构灵动，情节曲折有趣。文章篇幅极短，但取材角度独特，立意深远。"孔子不能决也"这句话，已经可以是故事的结尾，岂料作者再来一句"孰为汝多知乎？"于是，峰回路转，含义丰富，余味悠长。

二、教学目标

1. 会写生字"辩"，能联系上下文理解"决"的意思。正确、流利地朗读课文，熟读成诵。

2. 对照注释，理解每句话的意思，再连起来说说故事内容。

3. 了解两小儿各自的观点和依据，懂得在生活中要善于观察、说话有理有据，实事求是。

三、教学重点、难点

对照注释，理解每句话的意思，再连起来说说故事内容。了解两小儿各自的观点和依据，懂得在生活中要善于观察、说话有理有据，实事求是。

四、课前准备

1. 涉及的科学常识、历史典故、课堂练习等打印资料。

2. 学生预习课文，教师准备课件。

五、教学过程

师生合作背诵《论语》中的名句。

师："三人行"，生："必有我师焉。"

师："知之为知之"，生："不知为不知，是知也。"

师："学而时习之"，生："不亦说乎？有朋自远方来，不亦乐乎？"

（一）以"辩"为眼，读题质疑

1. 创设情境。

同学们，在上课之前，老师迫切想了解一个问题：咱们班是女生聪明还是男生聪明？说出你的理由。（学生纷纷争辩）刚才我们就某个问题发表自己各自不同的见解，争论的过程就叫"争辩"。（板书："辩"）所以争辩的"辩"字中间是言字旁，请你在语文书上写一写。

2. 导入新课。

今天，我们要学的就是一则有关辩论的故事，齐读课题。（板书：两小儿辩日）

3. 质疑课题。

从课题中，同学们已经知道了什么？（谁和谁辩论？辩论什么？）

还想知道什么？（怎么辩论？各自的观点是什么？辩论的结果怎样？）

【评析：《两小儿辩日》一文的核心就是"辩"。以"辩"字为切入点，提出学生喜欢争辩的问题，既形象地理解了"辩"字，感受到祖国语言文字的形象美，又创设了争辩的氛围，激发了学生学习课文的欲望，自然而然地引出下文。】

（二）自学释疑，整体感知

1. 自读课文。

试着读一读课文，要求读正确、读流利。（重点指导"知"的读音）边读边思考刚才提出的问题。

2. 教师范读。

教师读文，学生一边听一边在课文中画出停顿符号，同时感受语速的变化。

3. 学生练读。

出示有停顿提示的原文指导学生朗读。可以采取指名读、齐读等方法，让学生把课文读正确、读通顺。

4. 初知大意。

学生汇报课前提出的问题。

【评析："学而不思则罔，思而不学则殆。"通过自读自悟，让学生带着问题走进故事，引导学生边读边体验，掌握读通顺文言文的要领：一是要注意停顿，二是语速要稍慢。同时，通过不同形式的反复朗读，让学生在读的过程中感知文本内容。】

（三）书读百遍，共议辩日

1. 合作译文，同桌交流。

通过边读边思考，同学们已经知道了课文的大体意思，你能借助注释说说每句话的意思，再连起来说说故事的内容吗？（同桌相互说故事，没有弄懂的地方画上记号。）

2. 合作探究，完成表格。

出示表格，请同学们根据课文内容，四人小组合作填写，教师参与指导学习。

人物	日出时		日中时	
	观点	理由	观点	理由
一小儿				
另一小儿				

【评析：学生根据文后的注释，同桌交流课文内容；小组讨论填写表格，梳理两小儿辩斗的内容。这样的学习，进一步提高了学生自主学习文言文的能力，为其独立阅读文言文打下良好的基础。同时，合作讨论的过程，也恰恰体现了"三人行必有我师"的学习方法。】

3. 研读文本，聚焦"辩斗"。

（1）教师根据先前完成的表格，引领学生理清两小儿的观点。（板书如下）他们的观点正好相反。

```
            日始出    日中
一儿        近       远
一儿        远       近
```

指导朗读：结合你的生活实际想一想，你持一个观点，另一个人非和你对着干，你说东，他非说西，你会是什么样的状态呀？（很着急想表达自己，不服，想用观点压住对方，想找人评评理。）

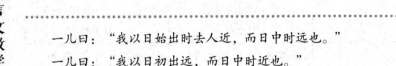

一儿曰："我以日始出时去人近，而日中时远也。"

一儿曰："我以日初出远，而日中时近也。"

假设你们就是这两个小儿，能试着来辩一辩吗？练习一下。指名两组学生角色对话，点评时指导学生注意语速快点，观点咬字清晰些。再练习。

这真是一场＿＿＿＿＿＿＿的辩斗。请学生回答。（针锋相对，各执一词，互不相让）

（2）借助小组讨论的表格，理清两小儿各自的理由，并板书：

	日始出	日中
一儿	近	远
	大（如车盖）	小（盘盂）
一儿	远（沧沧凉凉）	近（如探汤）

课件出示"车盖、盘盂"图片，借助图片理解词语意思。

课文中的"车盖、盘盂"指的是什么？（日初出大如车盖，及日中则如盘盂）那这个小儿是从什么角度来阐述自己观点的？那另一小儿呢？（视觉和感觉）

一个小儿认为太阳初升时离人近，一个小儿认为初升时离人远。同样的事物，两个小孩从不同的角度观察，并运用生活中"车盖、盘盂"等具体的事例来说明自己的观点，把自己的观点表述得有理有据。

186

一儿曰："日初出大如车盖，及日中则如盘盂，此不为远者小而近者大乎？"

一儿曰："日初出沧沧凉凉，及其日中如探汤，此不为近者热而远者凉乎？"

指导朗读：他们各自有自己充分的理由支撑观点，讲起话来自然理直气壮，胸有成竹。

师引读：一儿曰——，指一生读。

师再引：一儿曰——，再指一生读。

两小儿各说各的观点，各说各的理由，你不服我，我不服你，坚持自己的观点，用书中的一个词来说就叫——辩斗。

你还从这两句话中哪儿感受到这是一场针锋相对的辩斗？（从"乎？"中感受到反问句的语气更强烈。）

（3）引导学生变换角色反复朗读。

分角色朗读，表现"辩斗"活动：文言辩斗—文白辩斗—男女生辩斗—师生辩斗。（提示：突出"斗"的感觉，可以适当添加内容，注意表情、动作的配合。）

这真是一场_____的辩斗。再请学生回答。

【评析：借助表格，联系本单元的语文要素，引导学生梳理出两小儿如何用具体事例来说明观点。通过不同形式、不同层次的"读"，在模拟辩斗的情境中，更深入地理解了课文，培养了对语言的感悟能力。整个过程，教师充分放手，给予学生自读自悟的空间、时间，体现了以生为本的理念。】

（四）多重角度，辩中明理

1. 两小儿都有自己的观点和思考，说得有理有据，孔子一时不能决也。

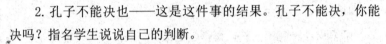

孔子不能决也。

两小儿笑曰：“孰为汝多知乎？”

2. 孔子不能决也——这是这件事的结果。孔子不能决，你能决吗？指名学生说说自己的判断。

3. 孔子被尊称为“圣人”，是思想家、政治家、教育家，知识何其渊博，可是面对两个小儿关于太阳远近的辩论，竟然不能决也。

你怎么看这个问题？（“两千多年前，科学还不够发达，人们对于宇宙的探索还不够深入，不知道情有可原。”“学习知之为知之，不知为不知，很了不起。”“人非生而知之者，孰能无惑？”就是渊博如孔子，也一定有自己不知道的知识。）

4. 你们能从客观的角度上公正地看问题，非常了不起。两小儿辩日，这一辩，辩出了什么？（两小儿善于观察，说话有理有据；孔子谦虚谨慎，实事求是的态度；认识事物的角度不同，所得的结果就不一样；宇宙无限，知识无穷，学无止境的道理。）

这一辩，真是令我们受益匪浅啊！让我们有感情地再读读这篇课文，能背的同学可以试着背一背。

【评析：展开想象，训练说话，既了解了辩斗的结果，又感知了两小儿的善于观察、说话有理有据，孔子实事求是的态度。在

学生一次次的思辨中，潜向文本深处，从不同角度思考、探究文本的丰富内涵。】

（五）拓展阅读，激发兴趣

1. 在这激烈的辩斗中，你们觉得这两小儿身上有哪些值得我们学习的地方呢？（辩斗不是吵架，不是胡说八道。辩斗中，我们看到了他们对生活的敏感和思考，也看到了他们不人云亦云，不轻易放弃自己观点的坚持和独立。）

2. 阅读科普文章。

默读《〈两小儿辩日〉中的科学知识》一文，请学生简要说说两个小孩分别错在哪里，教师用多媒体课件演示相关的科学知识。

- -

《两小儿辩日》中的科学知识

早晨和中午的太阳与地球的距离是一样的。为什么早晨的太阳看起来比中午时大呢？这是视觉的误差、错觉。同一个物体，放在比它大的物体群中显得小，而放在比它小的物体群中显得大。同样道理，早晨的太阳，从地平线上升起来的背衬是树木、房屋及远山和一小角天空，在这样的比较下此时的太阳显得大；而中午太阳高高升起，广阔浩瀚的天空是背衬，此时太阳就显得小了。其次，同一物体白色的比黑色的显得大一些，这种物理现象叫作"光渗作用"。当太阳初升时，背景是黑沉沉的天空，太阳格外明亮；中午时，背景是万里蓝天，太阳与其亮度反差不大，就显得小些。

中午的气温较早晨高，是否此时的太阳离我们近些呢？也不是。主要原因是早晨太阳斜射大地，中午太阳直射大地。在相同的时间、相等的面积里，直射比斜射热量高。同时，在夜里，太阳照射在地面的热度消散了，所以早上感到凉快；中午，太阳的热度照射到地面上，所以感到热。温度的凉与热，并不能说明太阳距离地面的远与近。

3. 推荐阅读《列子·汤问》中的寓言故事。

【评析：小学阶段，文言文的学习应当以兴趣为主，适当培养学生读懂、感悟的方法。教材安排的内容是科学有序的，教学的结束，并不是学习内容的结束。由此作为学生兴趣的起点，拓展阅读，让学生喜欢文言文，才是教学的初衷。】

（六）总结全文，提升明理

同学们，还记得刚上课时我们一起诵读的语句吗？这些语句都出自于《论语》这本书。《论语》是一部记录了孔子及其言行的书。有人说："半部《论语》治天下。"请大家课后把它找来读一读，品一品，相信会对你的人生有所启示。"知之为知之，不知为不知，是知也。"《两小儿辩日》的故事已经过去近两千五百年了，但是，作为一种人生智慧，两小儿的独立思考、大胆质疑，孔子的实事求是、虚心好学，却像每天升起的太阳依然照耀着我们。

【评析：教师充满激情的总结语不仅拓展了学生的知识面，也向学生展示中华传统文化的博大精深和无限魅力，增强了学生民族自尊心和自豪感，激发学生继承和发扬祖国传统文化的决心。】

六、板书设计

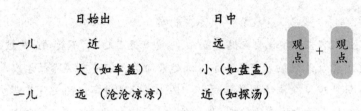

两小儿辩日

	日始出	日中
一儿	近	远
	大（如车盖）	小（如盘盂）
一儿	远（沧沧凉凉）	近（如探汤）

观点 + 观点

【评析：此板书紧扣"体会文章是怎样用具体事例说明观点"这一单元语文要素，抓住关键词语，展示了两小儿辩日的观点及理由，同时，把课文的思路、教师的教路、学生的学路融为一体。】

 教学反思

《两小儿辩日》是统编版义务教育语文教科书六年级下册中的一篇文言文，是学生在小学阶段学习的第14篇，也是最后一篇文言文。

小学阶段的文言文教学，教师要构建一个平等愉悦的平台，及时了解学生的学习情况，反思自己的教学行为，注重交流、合作、探究，激发学生学习文言文的兴趣。教师要舍得放手，真正做到"以学生为主体"，培养学生自主学习的能力，践行"我的学习我做主"的理念。

认知延展

对于两小儿提出的观点及理由，通过生生之间、师生之间的探讨，再利用收集的课外资料，用当今科学的观点做出解释，使学生了解了不同时间太阳的凉热与日地距离的远近没有关系。有意识地引导学生先弄清本文的重点"辩日"之谜，再引出"孔子不能决也"，从而得出"辩日"启示，使学生自始至终对课文兴趣盎然。

重视朗读

文言文教学既要重视"言"，也要重视"文"，不能顾此失彼，也不能重此轻彼。言文关系，说起来简单，但是在实际教学中却不好处理。在传统教学模式中，要么偏于串讲串议的文意理解，要么偏于文章特色的赏析，把文言文教成了现代文。因此，本课，以读为主线连接起"言"和"文"的教学。《两小儿辩日》属于较为浅显的文言文，语言简洁，人物对话体现了"辩"的特色，所以教学的重点应定位在感悟古文的语言特点和欣赏人物形象上。这种感悟和欣赏，在贯穿课堂全程的朗读活动中，轻松实现了！

以学为主

以学为主的核心理念就是要使学生的学习成为课堂上的核心事件，教师要始终关注学生的学习状态和学习效果，在课堂上要把更多的时间和空间留给学生。当然，适当的讲解和指导也是必要的。学生在课堂上尽可能地全员、全程参与，激发学生学习的兴趣，唤醒学生的探究欲望，调动每个学生的积极性，提升每个学生的语文素养。在小组合作中，在互帮互助中进行合作探究性学习。

文言文教学，是目前正在探讨的一个重要课题，这堂课虽然未必完美，但力求贴近文本，贴近学生，真正教学生"学"，让学生学有所得。只要我们认真抓好文言文的教学，充分调动学生学习文言文的积极性，激发学生的学习兴趣，指导学生积累文言文知识，养成良好的学习习惯，互相交流学习，就能逐步达到"举一反三"的境界。

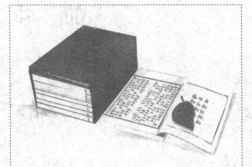

猫 斗

黄白二猫，斗于屋上，呼呼而鸣，耸毛竖尾，四目对射，两不相下。久之，白猫稍退缩，黄猫奋起逐之，白猫走入室，不敢复出。

——选自《小学生小古文100课》

入情入境 "斗"嗨课堂

——《猫斗》教学设计与评析

金华市婺城区乾西小学　滕小祎（设计）

金华市婺城区乾西小学　董少丹（评析）

一、教材解读

本文选自济南出版社2015年版《小学生小古文100课》（上册），生动地描写了黄白二猫打斗时激烈的场面，虽然寥寥数语，但极富画面感。文章文字精练，叙述有序，且有多个四字词语，是积累品味语言的好素材。

课文内容浅显，叙述生动有趣，紧扣"斗"字，抓住动作、神态、声音几个方面来描写，这样的内容对学生极具吸引力。结合小学生的发展水平和认知特点，本课安排在三、四年级进行教学，重点是激起学生对文言文学习的兴趣。

二、教学目标

1. 理解课文意思，背诵课文。
2. 通过朗读、表演等形式感受两猫相斗的激烈场面。
3. 感受文言文的语言精练，对文言文产生喜爱之情。

三、教学重点、难点

在多种形式的诵读中理解课文的意思，感受两猫相斗的激烈，背诵课文。

四、课前准备

学生预习课文、教师准备课件。

五、教学过程

（一）课前谈话——激起兴趣

1. 猜"斗"：上课之前，咱们先来热热身。看看，谁能根据字形来认一认这个来自古时候的文字？

dòu

斗

从图片当中，我们就知道了斗（dòu）的意思是打斗、争斗。

"斗"还有另外一个读音，有谁知道吗？（dǒu）

其实，古时候这个字的两种不同读音代表的是完全不一样的两个字，请看图片。你觉得它像什么？

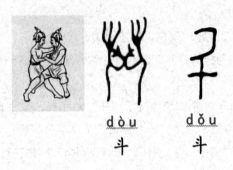

dòu　　　dǒu

斗　　　斗

是的。"斗"（dǒu）是一种测量的器具，也是一个重量单位，十升为一斗。一斗米，一斗钱，以前谁家要是用斗来量钱，那可是大财主了。这两个在古时候完全不同的字，随着时间而慢慢演变，到今天，就变成了一个字形。

祖国的汉字真有意思，那就让我们带着这样的感受，走进今天的课堂。上课！

【评析：课前谈话是一堂课的引子。本课以"斗"的字形发展变化为引，不仅让学生知道了同一个字形、不同读音的字源也许并不相同，更重要的是，带给他们独特的文字体验，激起了学生的学习兴趣。】

（二）解题"斗"——导入课文

1. 请小朋友们看老师写课题：猫斗。（板书：猫斗）

结合前面的理解，你觉得题目应该怎么读？（课文是写——猫在打斗。）

2. 猫在打斗，称为"猫斗"，如果牛在打斗，称为什么？鸡打斗呢？狗呢？

3. 我们再读课题。现在，你还想知道什么呢？

（谁打斗？为什么打斗？怎么打斗的？结果怎么样？）

【评析：引子部分已经讲清了"斗"的字理，学生自然就会读课题，也能理解题意。这时，教师进行了简单的拓展，从"猫斗"引到"牛斗""鸡斗"等，将语言进行内化，及时有效。】

（三）初知"斗"——畅读古文

1. 现在，让我们带着这些问题，把课文至少读三遍，读准字音，读通句子。

2. 谁来展示一下？指名读，正音：耸、竖、逐。

3. 多种形式朗读。

4. 读着读着，你发现这篇文章和我们平时学的文章有什么不一样？（揭示文言文的特点：用非常简练的语言，几句话就把故事讲清楚了。）

是的，在我国古代，我们的老祖宗们就是用这样的文字来记录生活中的点点滴滴。这样的文章，就叫作文言文。如果我们把文言文学好了，就等于打开了时间隧道，可以去发现古代很多有趣的事情。

【评析：三、四年级学生接触的文言文较少，教学时有必要对文言文的特点进行强调。"把文言文学好了就等于打开了时间隧道，可以去发现古代很多有趣的事情"，这样的介绍充满神奇色彩，能够唤起学生的向往。】

（四）细观"斗"——品读课文

现在，让我们到现场去看一看这场猫斗吧！

1. 斗于何处。

（1）猫在哪儿斗呢？（在屋上）

（2）你从哪句话中知道的？请读出来。

黄白二猫，斗于屋上

（3）理解"于"：哪一个字是"在"的意思？（于）（板书：于：在）

（4）在屋顶打斗，文中说是"斗于屋上"，那如果在地上打斗，可以说——斗于地上，在房间打斗呢——斗于房内。

难度加大一点，站在桌子前面，可以说是——立于桌前，在庭院里游戏，可以说是——戏于庭。

2. 如何打斗。

（1）让我们回到屋上。武艺平平，那一般都斗于地上，但这两只猫却是斗于——屋上，就好像是武林高手一样会飞檐走壁。那么，它们是怎么打斗的呢？请你用波浪线画出来。

呼呼而鸣，耸毛竖尾，四目对射，两不相下。

（2）都说斗智、斗勇、斗嘴、斗酒，那么，在这场打斗中，黄猫白猫都斗了些什么呢？

预设一：斗声音"呼呼而鸣"

哪个字告诉你这是声音？（鸣）。它的意思是——叫。原来，这个鸣不只是现在我们理解的小鸟叫，像小猫这样的叫也可以称为鸣。不过这种用法现在很少。（板书：声音）

小猫平时是怎么叫的？为什么现在变成了"呼呼而鸣"呢？

谁来学一学此时这黄白二猫是怎么叫的？你能说一说它们在叫什么吗？带着这样的感受再读这个词。

【评析："学一学、说一说"的过程，是一种语言体验。在体验过程中，学生需要替代进"白猫""黑猫"的角色，将它们心中所想用自己的理解表达出来。"鸣什么"恰恰也是解决了"为何而斗"的问题，这就为理解"打斗的激烈"做好了情感上的铺垫。】

预设二：斗动作"耸毛竖尾"

光有声音还不够啊，还有什么？（板书：动作）什么动作？（耸毛竖尾）

毛怎么了？尾巴怎么了？小猫为什么这样做？

是啊，"耸"和"竖"都是直立的意思。这里连着用了两个动词，有什么好处呢？（更能体现出猫斗时的气势。）

预设三：斗眼神"四目对射"

除了斗声音，斗动作，还斗什么了？（板书：神态）

来，孩子们，你看，我现在看着某个同学，我们算得上是"四目对射"吗？谁来跟老师表演一下真正的"四目对射"？

把全身力量都集中在目光中，凶狠地看着对方就叫作"四目对射"。

（3）这场猫斗分出胜负了吗？你从哪个词中知道的？（两不相下）

没有分出胜负，还可说成——不相上下（不分胜负）。

3. 指导朗读。

（1）作者可真是厉害啊，短短的16个字，抓住猫的声音、动作和神态再现了一场激烈的打斗。让我们用朗读把它表现出来。

（2）我是白猫，黄猫在哪里？（选三个同学配合，进行三次师生对读。）咱们来斗一斗。我读一句，你跟着读一句，我出招快，你对招也要快，我出招慢，你对招也要慢，随我而变。

两猫相斗，现在开始。

第一回合　你来我往

第二回合　你争我抢

第三回合　你死我活

（3）还有想来斗一斗的吗？好，此刻，你们都变身为黄猫，请摆好耸毛竖尾、四目对射的姿势，我们开始了。（老师与全体学生对读。）

第四回合　枪林弹雨

第五回合　刀光剑影

第六回合　殊死拼搏

【评析：在这一环节，教师用引导语将学生带入了"猫斗"的情境，从再现"呼呼而鸣"到表演"四目对射"，再到师生的"斗

读",多种形式的理解,全感官的参与,学生自然而然地理解了猫斗的激烈。】

4. 打斗结果。

(1)到第六回合,打斗结束了吗?你从哪里看出来的?(久之)

你觉得可以怎么读才能读出打斗的回合之多。(久之——　久——之　久——之——)

指名读,你觉得这是打了几个回合?

看来,不同的读法会带给我们不同的感觉。咱们大家一起来试试。

(2)在这么多的回合之后,战场有变化了,谁来读?

久之,白猫稍退缩,黄猫奋起逐之,白猫走入室,不敢复出。

(3)你读得非常好,把我们带到了当时的场景之中。咱们再请一只"白猫"、一只"黄猫"上台,还原一下当时打斗的场景。(学生表演)

(4)采访"黄猫":你在看到"白猫"稍退缩时,第一反应是做什么?(追)哪个字表示追?(逐)你追赶什么?(白猫)哪个字代表白猫?(之,课件变色)

(5)采访"白猫":白猫,你已经害怕了,所以看到黄猫追过来,你的第一反应是什么?(逃跑)对呀,可是为什么课文中却用了一个"走"字呢?

其实,这个"走"字我们并不陌生,这里的"走"是什么意思?(板书:走:跑)

文言文里有些字的意思和我们现在是不一样的,大家要用心去体会哦!

【评析:请两个学生来演绎"黄白二猫",演完之后利用采访的方式,让学生自己说出了对"逐""走"的理解。这种"自我发现式"的引导能够给学生带来极大的成就感。】

(五)应用"斗"——仿写古文

1. 朗读背诵。

刚才,我们近距离地观看了两猫相斗的场景。你觉得这幅场景怎么样?(生动、有趣)

现在,我们就用朗读把这种感受表现出来。读的时候,可以把自己想象成其中的一只猫。

师范读,指名读,生齐读。

2. 背诵课文。

3. 仿写练笔。

在生活中,我们肯定也看到过一些小动物之间的打斗场面,比如鸡斗、牛斗等等,你能仿照这篇文言文写一写吗?注意写清楚动物们的声音、动作、神态。

【评析:此环节抓住课文语言表达形式的特点,在熟读成诵的基础上进行仿写,可以让学生将习得的知识内化,并迁移到生活中去,真正实现学以致用。】

(六)总结"斗"——爱上文言

小朋友们,虽然这篇文言文很短,总共才两句话,但是它以非常凝练的语言,从猫的声音、动作、神态等方面进行叙述,让我们感受到了一场惊心动魄的打斗。这节课,我们也知道了一些字词在文言文中不一样的意思。只要我们多读多练就能打开文言之门，走进通往过去的时光隧道。祝愿小朋友们打开那个充满智慧的宝库。下课！

【评析：总结语简洁而不简单，不仅概括了课文的内容与写作特点，还巧妙地呼应了开头"时光隧道"的说法，使整堂课显得严丝合缝，结构完整。】

六、板书设计

　　　　　猫斗

声音　呼呼而鸣　　　　　于：在

动作　耸毛竖尾　　　　　走：跑

神态　四目对射

【评析：本课的板书分成两部分。主板书呈现了课文内容，提炼的关键词能够帮助学生更好地理解课文。副板书则是文言文的关键词释义，这样就为学生后续学习文言文奠定了良好的基础。】

此课为2019年5月浙江师范大学教师继续教育培训小学语文文言文教学专场执教的公开课。

教学反思

《猫斗》选自《小学生小古文100课》，课文只有短短的46字，却描写了一场非常精彩的打斗。

但是，要让三、四年级的学生了解这是一场"精彩的打斗"，并不是一件容易的事情。为什么？因为文章对打斗场面的描写，只有区区16个字。如何让学生借助这些关键词，感受"猫斗之激烈"，进而感受到文字之美，是这堂课要解决的重点、难点。

"斗"串全场

很特殊，"斗"这个字是一个多音字。

在课堂谈话中，我呈现"斗"的甲骨文让学生猜一猜这是什么字，再引出"斗"的另一个读音。这样以古老的文字、古老的字源开篇，与文言文这一内容相契合，带给学生的是不一样的文字体验。

在解题时，我就进行拓展：猫打斗叫猫斗，那么牛呢？鸡呢？狗呢？这是在进行铺垫。学完课文，到了练笔环节，学生自然而然想到了开篇之时的"牛斗""鸡斗""犬斗"等，于是不需提醒就会围绕这些内容进行语言实践，这样前后呼应，浑然天成。

"斗"入现场

"猫斗"的场景，学生见得并不多，其他动物的打斗场景所见者更少。所以，课堂中最重要的就是让学生"入境"，将这样的打斗场景真实地再现在他们眼前。

教学"呼呼而鸣"时，我请两个学生读，读完之后，再请他们学一学猫叫，说一说叫声的意思。课堂上两个学生这样回答："这是我的地盘，你快出去！""谁说的？这明明是我的地盘！""是我的！""我的！"学生越吵越凶，斗的感觉就出来了。

教学"四目对射"时，我请学生与我表演。但是，"相对"和"对射"的感觉是不一样的。当学生紧皱双眉，瞪大眼睛（或眯缝眼睛），几乎使上全身的劲来"对射"的时候，斗的情感积淀也就出来了。

此时，我又给学生创设了情境。通过引导语"你来我往""你争我抢""你死我活"等，让每一个学生都进入角色来朗读。朗读时，我用不同的语气、不同的快慢节奏来进行带读，通过语速、语调的变化，让学生来"对招"，同样读出语速、语调的变化。这样不仅让学生感受到文言文朗读的趣味，同时也能让学生体验到紧张、刺激的气氛，真正进入了"猫斗"的现场。

"斗"进文言

有趣的表演、激情的朗读最终都是为文言文的学习而服务的。要怎样进行字词的教学呢？是逐字逐句地进行分析讲解吗？这样的话，文章的趣味性就打折了，怎么解决呢？

还是以"斗"来化解。

比如在文言文中经常出现的"于"字，我就从"斗于屋上"直接进行拓展，让学生先联想到"斗于地上""斗于屋内"，然后再引出"立于桌前""戏于庭"等，这样的习得自然而不刻意。再如理解"之""走"等字。

我没有讲解句意，而是请两个学生上台分别表演黄白二猫，表演之后对他们进行采访："白猫，你为什么跑这么快？哪个字告诉你的？"这样就理解了"走"在文言文中代表"跑"。"逐"和"之"的意思理解也采用了相同方法。

从本课的实际教学效果来看，以"斗"入场直至"斗"入生活，学生的学习兴致浓厚，热情始终高涨。

都说文言文的学习枯燥乏味，但是，只要把握住了文本特点，选择好适合学生的教学方式，我想我们的文言文教学也可以做到很嗨很时尚。

陈太丘①与友期行②

[南朝宋]刘义庆③

陈太丘与友期行，期日中④。过中不至，太丘舍去⑤，去后乃至⑥。元方⑦时年七岁，门外戏。客问元方："尊君在不⑧？"答曰："待君久不至，已去⑨。"友人便怒曰："非⑩人哉！与人期行，相委而去⑪。"元方曰："君与家君期日中。日中不至，则是无信；对子骂父，则是无礼。"友人惭，下车引⑫之。元方入门不顾。

注释

①陈太丘：陈寔(shí)，字仲弓，做过太丘县令。太丘：古地名。

②期行：相约同行。期，约定。

③作者，南朝刘义庆，本文选自他的《世说新语》。

④期日中：约定的时间是正午。日中，正午时分。

⑤舍去：不再等候就走了。去，离开。舍：舍弃，抛弃。

⑥乃至：（友人）才到。乃，才。

⑦元方：即陈纪，字元方，陈寔的长子。

⑧尊君在不（fǒu）：你父亲在吗？尊君，对别人父亲的一种尊称。不，通"否"。

⑨已去：已经离开。

⑩非：不是。

⑪相委而去：丢下我走了。

⑫引：拉，要和元方握手。

融合古今　言文兼顾

——《陈太丘与友期行》教学设计与评析

金华市红湖路小学　姜文清（设计）

金华市北苑小学　陈小丹（评析）

一、教材解读

《陈太丘与友期行》是选自《世说新语》"方正"门中的一篇古代散文，写了陈元方与来客对话时的场景。一天，陈元方的父亲陈太丘与朋友相约出行，可当友人赶到时，因已过了约定的时间，陈太丘先走了。友人怪元方的父亲失约，结果被七岁的元方义正言词严地反驳得无地自容，并向元方道歉。文章告诉我们，为人处世要守信讲礼。

文中以"无信""无礼"二词为全篇核心，借助"陈元方责客"来说明"信"和"礼"的重要性。文章的主题主要通过人物对话来揭示，语言精练，紧扣中心，让人物形象跃然纸上。

二、教学目标

1. 正确、流利地朗读课文，背诵课文。

2. 积累文言词语，能借助注释理解课文内容。

3. 正确把握人物形象，懂得为人处世要守信讲礼的道理。

三、教学重点、难点

能借助注释理解课文内容，正确把握人物形象，懂得为人处世要守信讲礼的道理。

四、课前准备

学生预习课文、教师准备课件。

五、教学过程

（一）熟知故事，走进文本

1. 说故事，引课题。

（1）都说，自古英雄出少年。回顾我们学过的课文，你还记得古代哪些聪颖机智的儿童？（智救友伴的司马光、称象的曹冲、不取道旁李的王戎、巧妙应答的杨氏之子等。）

（2）今天，我们再来认识一个聪颖机智、善于言辞的孩子——陈元方，这个故事的题目是《陈太丘与友期行》。（板书课题）

2. 读课题，明题意。

（1）指名读题。读好题目的节奏。

（2）你从课题中获取了哪些信息？

预设一：陈太丘与朋友的约定，说出了两个人物，还说出了"期"的意思。

预设二：陈太丘是谁？为什么称呼为陈太丘？

陈太丘其实叫陈寔，为什么称他为陈太丘？因为做过太丘县令，所以人称陈太丘。就好比诗人柳宗元，是河东人，就称柳河东。

大诗人韩愈是昌黎人，就称韩昌黎。用地名来称呼人名，是古人的一种习惯。

指名问：你姓陈，将来成了金华的名人，大家就可以称你为——陈金华；你姓李，是东阳名人，大家就可以称你——李东阳。

（3）通过预习，你知道故事讲了哪些人物？（陈太丘及其友人、陈元方）那最主要的人物是谁？（板书：元方、友人）

【评析：由熟悉的同一类型故事导入，能够充分激发起学生对《陈太丘与友期行》一文的阅读欲望。在明题意的过程中进行拓展，让学生了解到了古人以地名代称人名的习惯，紧扣文本，并将这一知识点通过说话训练加以运用，妙哉！】

（二）一读课文，初感知

1. 指名读课文。

学习文言文其实不难，首先要读通课文。同学们已经预习了课文，现在请几位同学来分享朗读。

2. 朗读反馈。

（1）读准字音：提示"不"字读 fǒu。

（2）读准节奏：课文我们已经读得正确、流利了，在读的时候还要注意什么？（节奏，语气）

学生练读。

陈太丘与友/期行，期/日中。过中/不至，太丘/舍去，去后/乃至。元方/时年七岁，门外/戏。客/问/元方："尊君/在不？"答曰："待君/久不至，已去。"友人/便怒曰："非人/哉！与人/期行，相委/而去。"元方/曰："君与家君/期日中。日中/不至，则／是无信；对子／骂父，则／是无礼。"友人／惭，下车／引之。
元方／入门不顾。

- -

小结：学习一篇文言文，首先要把字词读正确，其次要关注
句中的停顿。

【评析：文言文教学要在"读"字上做文章。怎么读？姜老师
给我们做了一个很好的示范：根据学情有重点地指导读；正确、
流利地读，且要反复读；关注停顿，有节奏地读。通过层层深入
的读，学生自然而然地就把课文读通了，而且感受到了文言文的
语言之美。】

（三）二读课文，明文意
1. 那我们可以怎么读懂这篇文章呢？（注释是我们阅读文言
文的拐杖，借助注释，用自己的话说一说每句话的意思。）
2. 理解反馈。
重点指导以下句子：

- -

友人便怒曰："非人哉！与人期行，相委而去。"

元方曰："君与家君期日中。日中不至，则是无信；对子骂父，
则是无礼。"

待君久不至，已去。

- -

3. 古今词义，同类迁移。请关注带点的字是什么意思。

· ·

与友期行　　太丘舍去　　入门不顾　　下车引之

· ·

同学们，这些字在这几个短语当中是什么意思？

小结：文言文中一部分词语的意思，现在仍然保留原意。古今文学是一家，是密不可分的，在学习中，有时候可以相互迁移。

【评析："教是为了不教"，文言文教学的最终目的是要教会学生学习文言文的方法，而借助注释是最常见，也是非常有效的一种方法。引导学生借助注释自主学习明文意，同时，将古今词义进行对照，迁移所学知识，真正落实了在"立足课内"的基础上"向外延伸"。】

（四）三读课文，悟情感

1. 师朗读课文。

同学们，让我们带着收获，听老师读课文。

我读得好吗？好在哪里？（读出了"怒"）

谁怒了，为什么发怒？

预设一：友人怒了，因为太丘不等自己就先走了。（出示句子，齐读。）

· ·

友人便怒曰："非人哉！与人期行，相委而去。"

· ·

读句子，你看到了一个怎样的友人？

预设二：元方怒了，因为友人当着他的面骂自己的父亲。

你从哪里读出了元方之怒？（出示句子，齐读。）

元方曰："君与家君期日中。日中不至，则是无信；对子骂父，则是无礼。"

元方入门不顾。

读句子，你看到了一个怎样的元方。（思维敏捷、善于言辞、懂信、懂礼）（板书：信礼）

预设三：还有太丘也生气了，如：太丘舍去。

这让我们感受到太丘是一个——坚守原则的人。

2. 学生朗读。

（1）分角色朗读。

客问元方："尊君在不？"

答曰："待君久不至，已去。"

友人便怒曰："非人哉！与人期行，相委而去。"

元方曰："君与家君期日中。日中不至，则是无信；对子骂父，则是无礼。"

（2）请三个学生上台表演朗读，情境再现。

小结：穿越了时空，仿佛走进了历史，回到了南朝，这个故事的场景重现我们的面前。

（3）深化主题。

这是一个关于（　　　）的故事，请用一个字填空。（友、信、义、德、礼）

你为什么选这个字？

小结：一个简短的故事，只有103个字，却让每个人物的形象都栩栩如生，给人的启示亦如此深刻。让人不得不佩服刘义庆的文笔，不得不佩服中国传统文化的魅力。

【评析：赏析人物形象这一环节，姜老师可谓独辟蹊径。通过示范朗读让学生直观感受人物之"怒"，再由"谁怒了，为什么发怒"这一问题引发学生思考。在思维的碰撞中，学生感受到了不同人物之"怒"的背后，恰恰体现了人物的形象特点。表演朗读，则是创设了一个具体的情境，让学生的感悟更加具象、更加深刻了。】

（五）好书推荐，激励阅读

1. 让我们好好读一读，把这个故事记在心间。

2. 集体背诵这篇文章。

3. 介绍《世说新语》中其他有趣的人物故事。

【评析：叶圣陶先生说过："课文只不过是一个例子。"教学中，我们要用好这个"例子"，并由此延伸至课外更广阔的阅读空间。】

六、板书设计

陈太丘与友期行

信

陈元方　　　　友人

礼

【**评析**：此板书布局合理，既抓住了重点人物——陈元方、友人，又概括了故事主旨——信、礼，清晰明了，突出了教学的重点、难点。】

 教学反思

在语文学习中，流传着这样一句话，一怕文言文，二怕写作文，三怕周树人。怕文言文，是因为文言文与现代文相比，学生很难读懂，读不懂就容易产生无趣与畏难情绪。所以我在本课的教学中，首先激发学生的阅读兴趣，营造轻松的学习氛围，架起古今文学之间的桥梁，让学生感觉文言文也是有趣的，从而引导学生步入文言文学习的殿堂。

引导多读，激发兴趣

古人云："好书不厌百回读，熟读深思子自知"。《语文课程标准》中明确要求："能用普通话正确、流利、有感情地朗读课文。"可见，朗读在教学中的重要作用。因此，语文课堂应该呼唤朗读的回归。在文言文教学中，由于语言本身的特点，更要引导学生进行大声朗读，反复朗读，可以有各种形式的读，特别是对一些比较难读的句子进行点拨与范读，只有扫清阅读障碍之后，才能形成浓厚的"读书味"。在这种氛围中，更能激发学习的兴趣，以做到领会文章的大意，加深对文章的理解，逐步掌握文章的语言、节奏、句式，进而体会到文章的内容及蕴含的道理。

架起桥梁，融合古今

文言作品所表现的内容和表达形式都和今天有遥远的距离，小学生尤其不容易接受。在文言文教学中，把文言中的词语与现代文中的词语进行比较理解，采用"以今度古"和"古为今用"的方法，拉近学生与文本的距离，这样，学生的兴趣就被激发起来了，文言文教学也就活起来了。文言文是汉语言的精华，更是中华民族审美理想和审美精神的体现。因此，小学阶段的文言文教学应该降低学习门槛，让学生乐于学文言文，学好文言文。

表演朗读，感受形象

友人和元方之间的对话是本文的重点，也是亮点。在教学中，我首先引导学生抓住一个"怒"字来领会文中人物的心情，并剖析其中的原因。然后，通过表演朗读，揣摩两人说话时的神态、语气、心情，体会人物的情绪变化，读一读，演一演，进一步让学生感受到活灵活现的人物形象。学生基本上都能把握住人物语气的特点，一次比一次读得好，从而领略到课文的意趣。

人物评价，升华情感

对于陈太丘、友人、元方这三个人物的评价，我设计了这样一个问题："他是一个怎样的人？"学生通过朗读，能够感悟到人物形象，也能从多角度去评价，最后用一个问题牵一发而动全身：这是一个关于什么的故事？让学生在思辨中明理、悟理、得理。

整堂课，根据文本特点及学生实际，融合古今明文意，言文兼顾促感悟。

师旷论学

[西汉]刘向

晋平公问于师旷曰："吾年七十，欲学，恐已暮矣。"

师旷曰："暮，何不炳烛乎？"

平公曰："安有为人臣而戏其君乎？"

师旷曰："盲臣安敢戏其君乎？臣闻之：少而好学，如日出之阳；壮而好学，如日中之光；老而好学，如炳烛之明。炳烛之明，孰与昧行乎？"

平公曰："善哉！"

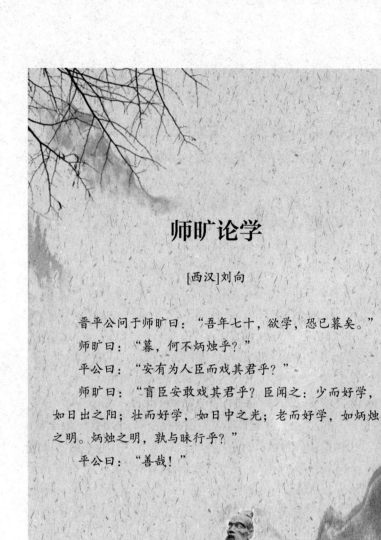

探寻流传奥秘　走进经典秘境

——《师旷论学》教学设计与评析

金华市宾虹小学　雷　平（设计）
金华市婺城区教研室　滕宝明（评析）

一、教材解读

《师旷论学》出自《说苑》，作者是西汉刘向，成文距今已有两千多年。全文92个字，晋平公和师旷两人紧紧围绕"论学"展开对话。文章看似简单，但细细品读，回味无穷。话题"论学"，见仁见智，常论常新；主题"学习"，亘古至今，普适性强；语言"对话"，雄辩微论，得体得理……妙哉！善哉！难怪时光流转了两千多年，21世纪的我们还要学习《师旷论学》。

对六年级的孩子来说，这样经典的文言文学习，不能仅仅停留在理解意思、领悟启示的层面，教师可以通过多角度的引导，让学生在自读中发现，《师旷论学》论得在理，论得有趣，论得委婉……从中了解文言文中"论"的表达形式，走进文言经典之秘境。

二、教学目标

1. 能根据提供的预习单自主学习，理解意思，领悟道理。

2.能围绕中心问题进行多角度思考与分享，领悟经典永流传的奥秘。

3.通过拓展补充，激发学生对文言文中"论"文体的阅读兴趣。

三、教学重点、难点

自主学习，理解意思，领悟道理；多角度思考与分享，领悟经典永流传的奥秘。

四、课前准备

1. 教师：设计预习单，制作课件。

2. 学生：自主学习，完成预习单。（预习单附在文后）

五、教学流程

（一）检查预习

1. 揭题质疑。

泱泱中华，文明千古，经典诗文，源远流长。这节课，我们一起学习一篇文言文，请看大屏幕。齐读课题。仔细再看图，对这张

PPT上的其他字有什么疑问吗？

预设问答：老师怎么会是环城二小的学习者？真会观察、发现与思考。现在我不是在环城二小六（1）班吗？而且我是来学习的，

与大家一起学习的。

【评析：谁说老师只是老师？谁说老师不是学习者？定位老师与学生的相同身份——学习者，是对学生的亲近、认同，更是教学态度、教学角色的转变。这种转变是学生在观察中发现的，不正是一种探索的学习方式吗？】

2. 分享朗读。

（1）课前已经预习，你自认为已经达到了什么目标？首先分享的是朗读原文（PPT出示原文课件）。后来人们为了正确断句，加了标点，谁来读一读？

朗读指导：为人臣的"为"读第二声。"孰与昧行乎？"断句在"孰与"之后。

（2）为了阅读方便，符合现代人阅读习惯，现在习惯写成横排，从左到右地读。谁再来朗读？

【评析：从竖排到横排的朗读，有利于学生直观地感受文

师旷论学

晋平公问于师旷曰："吾年七十，欲学，恐已暮矣。"

师旷曰："暮，何不炳烛乎？"

平公曰："安有为人臣而戏其君乎？"

师旷曰："盲臣安敢戏其君乎？臣闻之：少而好学，如日出之阳；壮而好学，如日中之光；老而好学，如炳烛之明。炳烛之明，孰与昧行乎？"

平公曰："善哉！"

言文这一中华文化的独特形式。竖排朗读中随机指导，横排朗读中巩固正确朗读，多种形式增加了学生的朗读练习次数。】

3. 理解意思。

（1）课前我们已经借助预习单了解了课文的意思。谁来说一说？

（2）文言文中有些字词的意思与现代的不一样。

①请看（课件："烛"字的象形）这是什么字？（课件："烛"字的演变）"烛"原来的意思是什么？现在通常指什么？

②有些字在同一篇文言文中的意思也会不一样，比如"暮"。本文中的两个"暮"意思分别指什么？

暮 ┃ 恐已暮矣   迟、晚
   ┃ 暮，何不炳烛乎？ 日落、傍晚

（3）请同学们对照译文再次朗读课文，争取比前两次有进步！

（4）谁来说说你获得了什么启示？

【评析：教学实践证明，学生有自主学习的能力，即使是对文言文。对于六年级的孩子，只要充分的预习，适当的指导，就能理解文言文的意思以及其中的启示。基于这样的学情，课堂教学的主要方法是分享，在分享中学习，在分享中引导，在分享中提高。老师只是在"古今异义""同字异义"等文言用词现象上做适当的点拨，点拨与分享融合，点拨与学习结合。】

（二）探寻经典永流传的奥秘

1. 通过刚才的分享，我们能正确流利地朗读课文，会说文言文的意思，获得了启示，那学习就结束了吗？

学习在于思考，学习文言文也应如此！那老师来分享自己多次阅读这篇文言文的疑惑。这篇文言文出现的人物只有两个。主要写这两个人在干什么事？论学。（板书：论）这篇文言文只有区区的92个字，根据作者信息，〔课件：刘向（约公元前77年—公元前6年）〕，推断这篇文言文的创作时间距今大概是多少年了？（课件：2000多年）为什么一篇篇幅并不长，仅有两个人对话的文言文能够流传2000多年而不衰呢？（课件：大号的"？"）

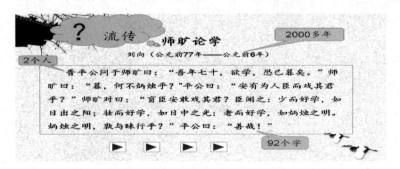

预设回答：这篇文言文能够让我们明白一个道理——学习永远不晚。（板书：在理）

2. 除此之外，一定还有其他原因的。接下来，请同学们带着问题反反复复读课文，边读边思考，也可以与身边的同学、老师讨论，寻找原因。

3. 接下来，我们来论一论原因。

预设一：论述生动、严密。

师旷对曰："……臣闻之：少而好学，如日出之阳；壮而好学，如日中之光；老而好学，如炳烛之明。炳烛之明，孰与昧行乎？"

生动——用了身边的事物比喻，通俗易懂。

严密——三重论证（日出之阳、日中之光、炳烛之明），层层深入。

预设二：论述巧妙。

晋平公问于师旷曰："吾年七十，欲学，恐已暮矣。"

师旷曰："暮，何不炳烛乎？"

前面我们已经了解这两个"暮"字的意思是不一样的。师旷听不懂晋平公的意思吗？师旷是在戏弄晋平公吗？

巧妙——原来是有意曲解！既吸引晋平公的注意，为下面的论述做准备，又让文章和人物充满情趣，论述巧妙！

预设三：论述有趣。

晋平公曰："安有为人臣而戏其君乎？"

师旷对曰："盲臣安敢戏其君乎？"

圈出这两句中的"安"字，分别是什么意思？（怎么，哪里）

晋平公真的生气了吗？如果真的生气了，那晋平公会怎么说？可晋平公并没有恼怒，而是说——"安有为人臣而戏其君乎？"这样说的目的——师旷，你别耍我了，快说！不然我就要生气了！

晋平公和师旷可真有趣——他们的身份是一君一臣，地位一尊一卑，但他们却像知己知彼心照不宣的朋友。师旷是假戏弄，明知故问，晋平公是假生气，急于知道答案。

预设四：论述委婉。

师旷对曰："……臣闻之：少而好学，如日出之阳；壮而好学，如日中之光；老而好学，如炳烛之明。炳烛之明，孰与昧行乎？"

"臣闻之"改成"臣以为"，"老而好学，如炳烛之明。炳烛之明，孰与昧行乎？"改成"君年七十，欲学不晚"可以吗？当然不行。

原文中师旷提出两种情况，让晋平公比较后选择。晋平公何等聪明，他当然知道该选择哪个。

预设其他回答：师旷现身说法，好学的主题永恒，运用故事说理……

【评析：文言文的学习不止于字词意思的理解、道理启示的领悟，而是以此为新的起点，围绕中心问题"为什么流传千年而不衰"，多角度探求。如果说意思理解、道理领悟更多地倚重于记忆、对比，是接受性思维，那么探求更侧重的是发现、分析、综合，是探究性思维，探寻经典永流传的奥秘，实际上训练了学生的高阶思维，在探寻中感受中华传统优秀诗文的魅力。】

（三）改编原文，剧本表演

1. 要更好地体会原文的情景，可以通过演一演的形式，请看大屏幕。同桌各选一个角色，试着演一演。

师旷论学

晋平公问于师旷曰："吾年七十，欲学，恐已暮矣。"

师旷曰："暮，何不炳烛乎？"

平公曰："安有为人臣而戏其君乎？"

师旷曰："盲臣安敢戏其君乎？臣闻之：少而好学，如日出之阳；壮而好学，如日中之光；老而好学，如炳烛之明。炳烛之明，孰与昧行乎？"

平公曰："善哉！"

2. 同桌展示点评，师生对演。

【评析：完整的学习需要在文本中走个来回，既走得进文本，又走得出文本。把文言文改编成小剧本是基于两者的相似性——对话为主，剧本表演入乎其内，外显于行，为学生喜爱。演一演的形式检验、巩固、强化了学习效果。】

（四）观看视频，了解"论"体

《师旷论学》中，师旷与晋平公围绕"学习"展开了讨论。接下来我们看一段视频——《三国演义——煮酒论英雄》。这又是谁和谁围绕什么话题展开的讨论呢？

【评析：从一篇到一类，拓展学生的学习视野。采用观看视频的方式，形象直观，与之前的剧本表演衔接；观看时品味人物对话，与本课学习重点相关联。同时，认知经典传承的另一种形式——影视。】

六、板书设计

简洁　　　　　委婉
严密　　师旷论学　　巧妙
生动　　　　　在理
......

【评析：板书突出经典永流传的奥秘，在思考、分享的基础上合作完成了此板书，是学习成果的结晶，是自主学习的展示。】

附：《师旷论学》预习单

（本材料来自互联网，经过整理而成。）

师旷论学

——选自《说苑》

刘向（约公元前77年—公元前6年）

【原文】

晋平公问于师旷曰："吾年七十，欲学，恐已暮矣。"

师旷曰："暮，何不炳烛乎？"

平公曰："安有为人臣而戏其君乎？"

师旷对曰："盲臣安敢戏其君乎？臣闻之：少而好学，如日出之阳；壮而好学，如日中之光；老而好学，如炳烛之明。炳烛之明，孰与昧行乎？"

平公曰："善哉！"

【译文】

晋平公问师旷："我年纪七十岁了，想要学习，恐怕已经晚了。"

师旷说："傍晚了，为什么不点燃火把呢？"

晋平公说："哪有做臣子戏弄国君的呢？"

师旷说："双目失明的我怎么敢戏弄君主呢！我听说：少年时喜欢学习，如同初升的太阳一样灿烂；中年时喜欢学习，如同正午的太阳一样强烈；晚年时喜欢学习，如同拿着火把照明，点上火把走路和摸黑走路相比，哪个更好呢？"

晋平公说："说得好啊！"

【注释】

1. 晋平公：春秋时期晋国国君。

2. 于：向。

3. 吾：我。

4. 师旷：春秋时期晋国乐师，双目失明，仍热爱学习，对音乐有极高的造诣。著名的政治家、教育家、音乐家。

5. 恐：恐怕，担心。

6. 暮：本意是日落、傍晚，引申为"晚或迟"的意思。

7. 何：为什么。

8. 炳烛：点燃火把。当时的烛，是火把，不是后来的蜡烛。

9. 安：怎么，哪。

10. 戏：捉弄，戏弄。

11. 盲臣：瞎眼的臣子。师旷为盲人，故自称为盲臣。

12. 炳烛之明，孰与昧行乎：点上火把照明，比起在黑暗中走路，哪个好呢？

孰与：与……比，怎么样　　昧行：在黑暗中行走。

预习之后，在能达到的目标后的括号里打上"√"。

朗读原文：正确（　　）　　流利（　　）　　有感情（　　）

说说意思：能不看【译文】说意思（　　）　　能不看【译文】流利地说意思（　　）

说说注释：能不看【注释】说意思（　　）　　能不看【注释】流利地说意思（　　）

获得启示：我懂得的道理是＿＿＿＿＿＿＿＿＿＿＿＿＿＿

教学反思

下课铃声响起，文言文《师旷论学》的课堂教学结束，可是当我喊出"下课"的口令，孩子们还沉浸在《师旷论学》的秘境之中。我对教学预设的担心一扫而光，涌起小有成功的窃喜，涌起了对孩子们的默默赞叹！

预习：为探秘奠基

对于六年级的孩子，相信他们已经具备借助资料理解文言文意思和领悟启示的能力。课前，我给孩子们准备了比较详细的预习单，预习单包含原文、译文、注释、预习目标达成情况反馈（包含朗读、说注释、说意思、写启示）。在预习单的左上角注明"本材料来自互联网，经过整理而成"，目的是想告诉孩子们学习的途径可以来自互联网，搜集的资料需要进行整合。当然，学习的材料也可以来自教材、课外书等。只要你愿意学习，材料到处都是。随处可见的学习材料需要甄别、筛选、整理后为自己所用。

《〈师旷论学〉预习单》作为一种学习材料，果真为孩子所用了，这在课堂分享朗读、意思理解和道理领悟的教学环节得以充分地展示。也在探寻流传奥秘的初始得以体现，因为不少的孩子们认为流传的原因是其中蕴含的道理和采用了生动的比喻和排比等修辞。

引导：进秘境之门

引导主要体现在三方面，一是引导孩子们连贯、正确地说出全文意思。二是引导孩子们注意"古今异义""同字异义"等文言用词现象。三是重点引导孩子探寻流传的秘密。

尤其着力在第三点上进行引导。大部分孩子认为流传的奥秘是蕴含的道理和生动的修辞，也有孩子猜测是作者有名、写的是君臣之事等，之后，课堂陷入了沉默，老师出手的时刻到了！出示关键词句，与孩子对话，进行小结，让孩子板书等，孩子们终于从人物的对话、人物的身份中领悟到"论学"论得巧妙、委婉、生动、有趣等。这样的探究基于原文，联系生活体验，激活了孩子的思维，让他们学会多角度地深入思考。

拓展：显经典之华

经典形式多样，文章只是其中的一种，教学中尝试了课本剧表演。经典浩瀚如海，《师旷论学》只是沧海一粟，教学中拓展了"论"的相关题材，观看了《三国演义——煮酒论英雄》的片段。这样的引导，指引孩子轻叩更多的经典之门。

祈愿，教学能让短短的40分钟无限延长，几年、几十年后，孩子们推开了一扇又一扇经典之门，让经典扎根于学生心中。

湖心亭看雪

[明]张岱

　　崇祯五年十二月，余住西湖。大雪三日，湖中人鸟声俱绝。是日更定矣，余挐一小舟，拥毳衣炉火，独往湖心亭看雪。雾凇沆砀，天与云与山与水，上下一白。湖上影子，惟长堤一痕、湖心亭一点，与余舟一芥、舟中人两三粒而已。

　　到亭上，有两人铺毡对坐，一童子烧酒炉正沸。见余，大喜曰："湖中焉得更有此人！"拉余同饮。余强饮三大白而别。问其姓氏，是金陵人，客此。及下船，舟子喃喃曰："莫说相公痴，更有痴似相公者！"

赏雪　悟情　入心

——《湖心亭看雪》教学设计与评析

义乌市前店小学　吴江君（设计）

金华市环城小学教育集团第二小学　姚晓芳（评析）

一、教材解读

《湖心亭看雪》是张岱《陶庵梦忆》中的一篇叙事小品，写了作者在大雪三日、夜深人静之后，小舟独往湖心亭。不期亭中遇客，三人对酌，舟子以三人为痴，殊不知这三人正是性情中人。雪后西湖"一痕""一点""一芥""两三粒"的奇景让作者触景生情，表达了作者赏雪的惊喜，清高自赏的感情和淡淡的愁绪。整篇文章将叙事、写景、抒情融于一体。

文章共两个自然段，第一自然段紧扣"独"字，通过对雪景的描写，烘托作者内心的孤独寂寥；第二自然段有异曲同工之妙，紧扣"痴"字，写了张岱与金陵人虽是路人，又同是痴人。本文在描写中多处采用对比的手法，大与小、冷与热、孤独与知己，有力抒发了人生渺茫的深沉感慨和挥之不去的故国之思。

二、教学目标

1. 借助注释和工具书理解课文内容，在整体感知的基础上理清事件。

2.通过反复朗读，品味形象、生动的语言，感受诗情画意。

3.悟作者之"痴"，体会作者遗世独立的高洁情怀及不随流俗的生活方式，感受"天人合一、浑然忘我"的赏景境界，领会古代士子的故国情怀。

三、教学重点、难点

反复朗读，品味形象、生动的语言，感悟作者之"痴"，体会"天人合一、浑然忘我"的赏景境界，领会古代士子的故国情怀。

四、教学准备

学生预习课文，教师准备课件。

五、教学过程

（一）背诵古诗，入"课题"

1.学生看西湖美景图片，背诵描写西湖景色的相关古诗词。

2.西湖的景色确实令人心醉，淡妆浓抹总相宜。今天我们看看绍兴的张岱笔下的西湖是怎么样的？我们一起来学习《湖心亭看雪》。（板书课题）

【评析：西湖美景令人流连忘返，众多文人墨客为之倾倒。设计中引用描写西湖诗句引起共鸣，同是写西湖，张岱眼中的西湖又有什么独特之处呢？由旧知导入新课，激起学生的学习欲望，架起学习的桥梁，十分巧妙。】

（二）初读课文，理"事件"

1. 大家自由、大声地朗读全文，读准字音，一边读一边将课文中比较难读的生字词标注出来，并思考应当如何识记最好。

2. 读准字音，读懂字义。

··

余挐（ná）一小舟　雾凇沆砀（hàng dàng）　拥毳（cuì）衣炉火

是日更（gēng）定矣　焉得更（gèng）有此人　强（qiǎng）饮

··

（1）指名读，正音。

（2）出示图片猜猜这是什么字？

··

··

"余挐一小舟"的"挐"字是什么意思？（撑船的意思。）

仔细看"毳"，你估计它跟什么有关？"毳衣"是什么意思？

（"毳"跟毛皮大衣有关，"毳衣"就是毛皮大衣。）

（3）组织学生抢答，进行一词多义分辨。（PPT逐条出示）

··

是日更定矣　湖中焉得更有此人

一小舟　上下一白

是日更定　是金陵人

（4）出示图片，你看到一幅怎样的画面，你能用课文中的一个词语来说一说吗？看雾凇图理解"雾凇沆砀"。

"雾凇"指水汽凝成的冰花。"沆砀"指白气弥漫的样子。"雾凇沆砀"指冰花一片弥漫。

3.再读课文，根据字义，读出节奏。

崇祯/五年/十二月，余/住西湖。大雪/三日，湖中/人鸟声/俱绝。是日/更定矣，余/挐/一小舟，拥/毳衣/炉火。独往湖心亭/看雪。雾凇/沆砀，天/与云/与山/与水，上下一白。湖上/影子，惟/长堤/一痕、湖心亭/一点，与/余舟/一芥，舟中人/两三粒/而已。

到／亭上，有两人／铺毡对坐，一童子／烧酒／炉正沸。见／余，大喜／曰："湖中／焉得／更有此人?"拉余／同饮。余／强饮／三大白／而别。问其姓氏，是／金陵人，客／此。及／下船，舟子／喃喃曰："莫说／相公痴，更有／痴似／相公者。"

4. 从题目中，我们就知道本文写了一件怎样的"往事"，请同学们默读，从文中找出记叙文的六要素。

记叙文六要素

时间：崇祯五年十二月，是日更定

地点：湖心亭

人物：余　金陵人　舟子

起因：独往湖心亭看雪

经过：拉余同饮。余强饮三大白而别

结果：舟子喃喃曰："莫说相公痴，更有痴似相公者。"

请学生尝试用文言文把它们连贯地表达出来。（课文主要内容）

崇祯五年十二月，是日更定，余独往湖心亭看雪，不意遇两金陵人，与之同饮三大白而别，及下船，舟子谓金陵客痴似余。

【评析：本环节的设计，教师围绕"读"字做文章：抓住生字及多音字，读准字音，扫清阅读障碍。学生通过象形文字猜测、看图片想象、一词多义辨析等方法来读懂字义，并根据字义读出节奏。学生疏通文句，抓住六要素概括内容，读通课文。整个环

节目标明确，层层设计，环环落实。】

（三）品读课文，赏"雪景"

1. 张岱独往湖心亭看雪，那是一场怎样的雪呢？请同学们借助小贴士开展自主合作学习。

自主学习小贴士：

☆读读：自由朗读课文。

☆找找：找出描写雪的词句，用波浪线画出来并写上自己的感受。

☆说说：四人小组组内交流对文中雪景的感受。

☆议议：整合四个人的信息，做好小组汇报准备。

2. 在小组汇报基础上，教师预设指导学生分层次赏读"雪大"，理解"独"的内涵。

（1）知"时间"，赏"雪大"。

崇祯五年十二月、大雪三日（板书：大雪）

（2）感"俱绝"，赏"雪大"。

大雪三日，湖中人鸟声俱绝。

①"绝"是什么意思？（断绝，消失，没有……）

②我们联系生活想象一下，湖中什么消失了？（人鸟声）还

有哪些东西消失了？（活动也消失了，活力也消失了，温暖也消失了……）

③"湖中人鸟声俱绝"请用一个成语来形容这句话。（万籁俱寂）

④好一场大雪啊，让整个世界一片安静，谁能读出这种寂静。
指名读—师范读—自由读

⑤如果此时，你去看雪，你会独往吗？

可是张岱却是独往湖心亭看雪，你能用一个词形容此时张岱
的感受吗？（张岱极为孤独。板书：独）

（3）比"湖影"，赏"雪大"。

雾凇沆砀，天与云与山与水，上下一白。湖上影子，惟长堤一痕、
湖心亭一点，与余舟一芥、舟中人两三粒而已。

---

①文言文讲究精练，可是在"天与云与山与水，上下一白"，
这个"与"字反复出现，可以删掉吗？为什么？（这三个"与"反复，
加强气势，表现出雪大，把天、云、山水的颜色化为一体，难以分辨。
张岱迷恋其中。）

仅仅就天与云与山与水融为一体了吗？还有谁？（张岱）

雪与张岱合在了一起，这是一种什么境界？（写出了"天人
合一"的境界。）

②四周的景物在张岱眼里发生了神奇的变化。此时张岱看到
的世界变大了还是变小了？你从哪几个词看出来。（一痕、一点、
一芥、两三粒）

本来长堤应该是——一条，湖心亭——一座，舟——一叶，
人——两三个。请你用朗读读出这个变小的世界。

是的，当天人合一的时候，张岱竟然神奇地看到了：湖上影子，惟长堤一痕、湖心亭一点，与余舟一芥、舟中人两三粒而已。这些景物在张岱的眼里变得——渺小了。这两句描绘出的环境给人怎样的感觉，能用一个词来概括吗？（隐隐约约、空旷深远、冷冷清清……）

③看上去是数量词发生了变化，其实是张岱的心境发生了变化。我们一起来齐读这个句子。

"痕""点""芥""粒"四个数量词尝试重音轻读。"惟"字要重音，这一个字能体现雪大，而且覆盖力很强，它把所有的东西都覆盖了，能够看见的很少很少。

小结：我们看这处写景，共有两句且形成鲜明对比。前一句强调"极大"，读出雄浑感；后一句强调"极小"，读出渺小感。齐读第一自然段。

【评析：教师采用对比教学法，感受白描写法的好处。一比三个"与"字：进行删减对比，学生发挥想象，领悟万物融为一体的苍茫意境。二比四个量词：原句分别改为"一条、一座、一叶、两三个"。让学生理解借缩小的量词来表现人、物渺小，与苍茫浩大的天地形成对比的艺术效果，从而反衬出雪之大。】

3. 在崇祯五年十二月作者看到了这样的大雪，作者观完雪景，到了湖心亭却遇到了两个人，又有怎样的心情？（欣喜若狂）从哪里可以读出这种"大喜"？（板书：大喜）

"余强饮三大白而别"中这个"强"字可以读出张岱尽力地喝了三大杯酒，说明他很高兴。

4. 此时，谁也欣喜？从哪里看出来的？

从"湖中焉得更有此人"中的"更"中可以读出"大喜"。

金陵人见到张岱是这么说的，这也说出了谁的心声？（张岱）

大家都没有想到这种情况下，能在湖心亭遇到赏雪的人。师生对读。

"此人"是怎样的人？说说"湖中焉得更有此人"的言外之意。

湖中居然有此（　　　）人！

（湖中居然有此有雅兴之人！湖中居然有此志同道合之人！湖中居然有此超凡脱俗之人！）

【评析：本环节设计从"喜"字入手，让学生品读出张岱之"喜"，金陵人之"喜"。在各抒己见中，学生对"湖中焉得更有此人！"有了更深层次的理解，自然而然明白张岱和金陵人的情趣相投。】

（四）研读课文，解"痴情"

1. 文中哪一个字最能形容张岱"湖心亭看雪"的心境？（板书：痴）

（1）这也是谁对他的评价？

及下船，舟子喃喃曰："莫说相公痴，更有痴似相公者！"

喃喃地说是怎样说？指名读。

（2）金陵人在哪些方面痴似相公呢？（观雪地点，观雪时间等）

2. 那张岱的"痴"和金陵人的"痴"一样吗？张岱为什么如此"痴迷"于此景呢？让我们一起来了解张岱。

∙∙

　　本文选自《陶庵梦忆》。张岱（1597—1679），字宗子，又字石公，号陶庵，又号蝶庵居士，明末清初山阴（今浙江绍兴）人。寓居杭州。出身仕宦世家，少时为富贵公子，爱繁华，好山水，晓音乐、戏曲，明亡后不仕，入山著书以终。著有《陶庵梦忆》《西湖梦寻》等。

　　明朝亡后，张岱曾参加过抗清斗争，后来"披发入山"以消极避世表示其民族气节，《陶庵梦忆》《西湖梦寻》即写于明亡他入山以后。

∙∙

　　（1）我们研读这两段背景资料，一起看一个词"不仕"，何为"不仕"？（"不仕"就是不做官。）是不是因为科举考不上，没有做官机会？（不是。这是因为明朝灭亡之后，张岱不想背叛故国，有对故国的怀思。）

　　（2）现在我们再重新思考课文中张岱的几个怪异行为："独行、喜遇"，你对张岱有没有新的认识？（从这两个行为，我看出他是一个孤独又豪迈的人。他于冬天大雪的晚上一人去看雪，可见内心凄凉、孤独，因为故国已亡了，他隐于山中；遇到同道之人又痛快喝酒，可见他很豪迈。）

　　【评析：教学中借舟子喃喃语，介绍作者生平，知人论世，知人论文。学生对张岱的认知，有了一个提升，对文本内涵也有了更深层次的挖掘。此时，一片孤寂的雪景与对故国的怀思紧紧融合在一起。】

（五）拓读课文，炼"品格"

1. 因回忆过往而温暖，因故国不再而失落。这就是古代诗人常有的故国情怀，也是张岱在一个普通的冬日雪夜经历了一番并不普通的心路历程的原因所在。此时的张岱有话要倾诉，请你在书上空白处写下。学生交流。

2. 对比拓展诵读柳宗元的《江雪》，体味"痴"的含义。

此诗与《湖心亭看雪》写雪景手法有何异同？找出柳宗元的"痴"行，体味其"痴"情。

【评析：通过交流讨论，学生已经内化了作者的情思，写话训练则将这一份体会外化于形。接下来，学生通过将本文与柳宗元的《江雪》进行对比，对"痴"字再次进行了品析，深入文本，又跳出文本。此处教学有利于提升阅读力，帮助学生在多重信息中提取重要信息，让思维变得更加严密、清晰、深刻。】

六、板书设计

【评析：此板书是课文内容的浓缩，亦是作者情感的集中体现，同时，也是教学的重点、难点。板书有助于学生的学习，又拓展

了他们的思维空间。】

教学反思

张岱的《湖心亭看雪》描绘了一幅清淡雅致的西湖雪景，美丽的景色背后藏着作者孤独、思国的心境。对于六年级的学生来说，体会作者的情感有一定的难度。如何让学生在品读字词中感受文字之美，写法之妙，进而感受作者的"独"和"痴"，这是本堂课教学的重点、难点。

"独"赏大雪，感痴心

读是文言文课堂的主旋律。学生自由地读课文，在读准字音基础上，联系上下文理解"更""一""是""白"这四个多音字的意思。借助文字提示，联系图片，让学生了解"雾凇沆砀"词义，再将句子连起来读出正确的节奏。读懂了词语的意思，才能读准文言文节奏。然后我紧扣课题，运用"记叙文六要素"理清"独往湖心亭看雪"主要事件，随之追问："张岱看到是一场怎样的雪？"学生合作读课文，在字里行间寻找描写大雪的语句，分享自己的感受，并联系生活想象"湖中人鸟声俱绝"的场景。学生一边想象，一边朗读，沉浸在寂静的语境之中，和作者的心境产生共鸣，孤独之感悄然而至。

赏雪中的孤独，学生在品读"雾凇沆砀""湖上影子"这两个句子的时候更能体会到。三个"与"字层层递进，速度加快、音量递增，落实到位，仿佛雪下得更大了。"一痕""一点""一芥""两三粒"，眼前雪中的事物小得让人无法想象，雪景更是让人叹矣。教师范读后，学生进行对比，发现"重音轻读"这个技巧，"而已"

两个字要求读得轻点，学生欣喜地发现张岱的情感是在变化的，体会到张岱眼前的大雪实在是太大了。张岱看着一望无际的大雪，谁跟雪比都是如此的渺小，眼前的天、云、山水的颜色化为一体，就是一个"白"字。这更是一种"孤独"的画面，他完全沉浸其中。最后，看着湖心亭的雪景图，学生背诵"雾凇沆砀""湖上影子"这两个句子。这个环节看似平淡，却是稳打稳扎，步步为营。我紧紧抓住文言文语言的特色点，围绕一个"读"字，使学生从"读出感情""读出韵味""读出意境"再到"读出思考"。学生在反复品读中发现语言特色，关注语言形式，深入语言积累，迸发语言"思维"，感受其中"韵味"。

"喜"遇知己，悟痴心

对比是文言文学习的一种好方法，这是寻找阅读指导与语言思维实践的最佳途径。大部分孩子对舟子的话"莫说相公痴，更有痴似相公者！"会有所注意：有"舟子"陪伴，为何还是"独往湖心亭看雪"？我对孩子此阅读"思考"表示赞同，抓住矛盾点点拨"痴"。我第一次引导对比学习：张岱的"痴"与金陵人的"痴"有什么不一样？我出示背景资料，引导学生直击"不仕"这个特殊短语来理解，启发学生对作者"为何不仕"产生疑问。学生视线聚集到了"国家状况"，了解了金陵的"历史地位"，以及引用张岱的"身世材料"，故国之思显而易见。以清淡之笔写出了"痴"，这源自国破家亡之痛，学生寓情于境，进而体验到意趣深远。这样进一步借助文史资料，往往能更好地促进学生对文本的理解，课文的语言感悟终极目标在此升华，此时无声胜有声。

学生知道了，虽然同行，却并不同心，由于志趣不同，"舟子"对"相公"的行为始终不理解。这样不留痕迹地理解引导，让学生自己教会自己，学会研究。学生由表及里，慢慢感悟"痴"

的内涵，思考力自然提升。

　　学生第二次对比学习是拓展对比阅读，体味柳宗元的《江雪》与《湖心亭看雪》写雪景手法有何异同。柳宗元的对雪"痴"又有什么特殊含义呢？学生通过不同经典名篇的对比，关注语言，更深入作者背景。学生角色入境，想象"痴"中意，读懂"痴"中情。对比阅读，激发类比思维，同是雪，不同的表达方法；同是"痴"，不同的社会背景。学生在深层次对比后，对张岱"独""痴"的心境领悟在逐步提升。学生在"言"的转化、"思"的深化中，将这样的西湖、这样的天地、这样的境界融合在一起，体会"怀思"。

　　整堂课在琅琅读书声中，教师不断地构筑激发思维的支点，引导学生欣赏美丽的景色，体验丰富的意境，撬动"痴"态体验。文言文的学习，就是要源源不断地汲取经典语言的营养，让语言的根，真正成为发展思维张力最肥沃的土壤。

后 记

　　2020 年的寒假，由于"新冠"疫情影响，格外的漫长。然而，对于我们团队来说，因为《文言文教学新视角》一书，这也是分外充实的一个假期。

　　2006 年，我在公开课上执教了《杨氏之子》一课，可以说是当时我对文言文教学的初步思考；2019 年 9 月，全国所有中小学生都开始启用教育部统编的语文教材，拿到新教材以后，最引人关注的一个变化就是古诗文的篇目比以往有了大幅度的增加，其中，小学阶段的文言文课文由原先的 4 篇大幅增加至 14 篇。

　　一次，工作室的一位老师问我："师父，这么多的文言文，到底该怎么教呢？"确实，由于原先各个版本的小学语文教材中的文言文篇目不多，对于文言文教学的研究也就不够深入。能不能将统编版小学语文教科书中的文言文进行系统地梳理，并逐一形成操作性强的教学设计呢？我把这个想法与我的师父——浙江省特级教师滕宝明进行了交流，得到了他的肯定与大力支持。

　　于是，我们在全区范围内多次举行了文言文教学的专题研讨活动，在教学实践中反思、研究。2020 年 3 月 3 日，我们第一次召开编委会，两个多月里，17 次对本书教学设计的初稿进行讨论、修改，有时，对某一个教学环节展开激烈的辩论，往往一坐就是一整天。

在本书付梓之际，我要衷心感谢精心设计及进行评析的老师们，正是你们的智慧凝结，使本书的出版由设想成为现实；感谢编委团队的伙伴们，正是你们一次次的"头脑风暴"碰撞出了智慧的火花；更要感谢我的师父滕宝明老师，正是您一次次的鼓励与不遗余力的全程指导，为我们把准了方向，更加速了这本书的诞生。

《文言文教学新视角》一书，是我们对小学文言文教学实践和研究的起点，而非终点，有些内容有待进一步完善，有些研究有待进一步深入，敬请各位前辈与同行斧正！

姚晓芳

2020年5月于婺州